Mahatma Gandhi führte Indien 1947 in die Unabhängigkeit. Die Quelle für seine Vorstellungen von sozialen, politischen und ökonomischen Veränderungen auf der Grundlage von Wahrheit (*satya*) und Gewaltlosigkeit (*ahimsa*) liegen im Hinduismus.

Hinduismus ist für Gandhi weniger Religion als eine Lebensform, die Suche nach Wahrheit und Wahrhaftigkeit unter Verzicht auf jegliche Gewalt.

»Ein Mensch muß nicht an Gott glauben, um Hindu zu sein. Hinduismus ist die unermüdliche Suche nach Wahrheit, und selbst wenn er heute dem Untergang geweiht scheint, so wird er sich doch eines Tages über die ganze Welt verbreiten. Hinduismus ist die toleranteste aller Religionen. Frei von jeglichem Dogma, ist sein Credo allumfassend.«

Der vorliegende Band stellt erstmals in deutscher Übersetzung die zentralen Gedanken Gandhis zur Lebensform des Hinduismus und ihrer Umsetzung im Alltag vor.

insel taschenbuch 3206

Mahatma Gandhi

Was ist Hinduismus?

Mahatma Gandhi
Was ist Hinduismus?

Aus dem Englischen von Ursula Gräfe
Mit einem Nachwort
von Martin Kämpchen

Insel Verlag

Veröffentlicht in Zusammenarbeit mit
dem National Book Trust, India.

एकः सूते सकलम्

Umschlagfoto: getty images

insel taschenbuch 3206
Erste Auflage 2006

First published by National Book Trust, New Delhi 1994

Hinweise zu dieser Ausgabe am Schluß des Bandes
Vertrieb durch den Suhrkamp Taschenbuch Verlag
Umschlag: Michael Hagemann
Satz: Hümmer GmbH, Waldbüttelbrunn
Druck: Druckhaus Nomos, Sinzheim
Printed in Germany
ISBN 3-458-34906-5

1 2 3 4 5 6 – 11 10 09 08 07 06

Inhalt

Was ist Hinduismus?

1 · Was ist Hinduismus?

Es ist das Glück oder Unglück des Hinduismus, daß er über kein offizielles Glaubensbekenntnis verfügt. Um mich vor Mißverständnissen zu schützen, habe ich daher *Wahrheit* und *Gewaltlosigkeit* zu meinen Glaubenssätzen erwählt. Sollte ich den Hinduismus beschreiben, würde ich einfach sagen: Er ist die Suche nach Wahrheit mit gewaltlosen Mitteln. Ein Mensch muß nicht einmal an Gott glauben und könnte sich dennoch als Hindu bezeichnen. Hinduismus ist die schonungslose Suche nach Wahrheit. Und wenn der Hinduismus heute todgeweiht, unbeweglich und unempfänglich für Entwicklungen scheint, so nur deshalb, weil wir erschöpft sind. Sobald diese Erschöpfung jedoch vorübergeht, wird der Hinduismus vielleicht die Welt überstrahlen wie nie zuvor. Natürlich ist der Hinduismus die toleranteste aller Religionen. Sein Glaube ist allumfassend.

Young India, 24. April 1924

2 · Gibt es im Hinduismus einen Satan?

Nach meiner Ansicht liegt die Schönheit des Hinduismus in seiner Eigenart als einschließende, allumfassende Religion. Was der göttliche Autor des *Mahabharata* über seine gewaltige Schöpfung sagt, gilt ebenso für den Hinduismus. Das Essentielle anderer Religionen findet sich stets auch im Hinduismus. Alles andere ist substanzlos und überflüssig.

Young India, 17. September 1925

3 · Warum ich Hindu bin

Eine amerikanische Freundin, die sich selbst als lebenslange Freundin Indiens bezeichnet, schreibt:

»Da der Hinduismus zu den führenden Religionen des Ostens gehört und Sie sich sowohl mit ihm als auch mit dem Christentum beschäftigt und auf der Grundlage dieser Beschäftigung erklärt haben, Hindu zu sein, erlaube ich mir, Sie um die Gefälligkeit zu bitten, mir die Gründe für Ihre Entscheidung zu nennen. Hindus und Christen erkennen gleichermaßen an, daß es ein Hauptbedürfnis des Menschen ist, Gott zu erkennen und ihn geistig und wahrhaftig zu verehren. Im Glauben, daß Christus eine Offenbarung Gottes war, haben Amerikas Christen Tausende ihrer Söhne und Töchter nach Indien geschickt, um dem indischen Volk Christus zu verkünden. Wären Sie so freundlich, uns im Gegenzug Ihre Deutung des Hinduismus zu geben und einen Vergleich zwischen ihm und der Lehre Christi anzustellen? Für diese Gefälligkeit wäre ich Ihnen zutiefst verbunden.«

Schon mehrfach habe ich bei Versammlungen englischer und amerikanischer Missionare versucht, folgendes zu erklären: Hätten sie Abstand davon genommen, Indien die Lehre Christi »zu verkünden«, und einfach das Leben gelebt, das ihnen die Bergpredigt vorschreibt, wüßte Indien ihr Leben inmitten seiner Kinder zu würdigen und könnte unmittelbaren Nutzen aus ihrer Anwesenheit ziehen, statt sie zu beargwöhnen. Da dies meine Überzeugung ist, kann ich meinen amerikanischen Freunden nichts »im Gegenzug« über den Hinduismus »verkünden«. Ich glaube nicht daran, anderen Menschen den eigenen Glauben zu verkünden, und schon gar nicht in missionierender Absicht. Einen Glauben kann man nicht verkünden. Er muß gelebt werden, dann wird er sich von selbst verbreiten.

Zudem halte ich mich nicht für geeignet, den Hinduismus anders als durch mein Leben zu deuten. Und da ich ihn nicht mit geschriebenen Worten erklären kann, kann ich ihn auch nicht mit dem Christentum vergleichen. Das einzige, was ich tun kann, ist, so knapp wie möglich zu schildern, weshalb ich Hindu bin.

Im Glauben an die Bedeutsamkeit eines kulturellen Erbes bin ich Hindu geblieben, denn ich wurde in einer hinduistischen Familie geboren. Wenn ich es nicht mit meiner Moral oder meinem spirituellen Wachstum hätte vereinbaren können, wäre ich kein Hindu mehr. Bei näherer Prüfung habe ich den Hinduismus jedoch als die toleranteste unter den mir bekannten Religionen erkannt. Seine Freiheit von Dogmen übt eine unwiderstehliche Anziehungskraft auf mich aus, da er seinen Anhängern breiten Raum läßt, sich zu verwirklichen. Da er keine Religion mit Ausschließlichkeitsanspruch ist, versetzt er seine Anhänger nicht nur in die Lage, alle anderen Religionen zu respektieren, sondern gestattet ihnen, ihre guten Seiten zu bewundern und zu übernehmen. Gewaltlosigkeit ist allen Religionen zu eigen, aber im Hinduismus ist sie zu höchster Anwendung gelangt. (Ich betrachte weder den Buddhismus noch den Jainismus als vom Hinduismus getrennte Religionen.) Der Hinduismus glaubt an die Einheit nicht nur allen menschlichen Lebens, sondern an die Einheit all dessen, was lebt. Die Verehrung der Kuh ist meiner Meinung nach ein einzigartiger Beitrag zur Entwicklung humanitärer Gesinnung. Sie ist die praktische Umsetzung des Glaubens an die Alleinheit und damit an die Heiligkeit allen Lebens. Der große Glaube an die Seelenwanderung ist eine unmittelbare Konsequenz aus dieser Überzeugung. Die Gesetze des Varnashrama sind ein weiteres großartiges Ergebnis der unermüdlichen Suche nach Wahrheit. Ich möchte diesen Artikel nicht mit Definitionen belasten, wo ich nur das Wesentliche umreißen wollte. Dennoch sei mir die Bemerkung gestattet, daß die gegenwärtigen Vorstellungen von Kuhverehrung und Varnashrama meiner Ansicht nach Karikaturen ihrer ursprünglichen Form sind.

Damit habe ich die für mich hervorstechenden Züge des Hinduismus skizziert, in dessen Schoß ich geborgen bin.

Young India, 20. Oktober 1927

4 · Hinduismus

Ich nehme für mich in Anspruch, ein Santani-Hindu zu sein, und dennoch gibt es Dinge, die üblicherweise im Namen des Hinduismus getan werden, die ich nicht befolge. Ich habe nicht den Wunsch, als Sanatani-Hindu oder irgend etwas anderes bezeichnet zu werden, wenn ich es gar nicht bin. So möchte ich ein für alle mal deutlich machen, was ich unter Sanatana-Hinduismus verstehe. Dabei verwende ich den Begriff Sanatana in seiner Grundbedeutung »ewig« oder »unvergänglich«.

Aus folgenden Gründen bezeichne ich mich als Hindu:

1. Ich glaube an die *Veden*, die *Upanishaden*, die *Puranas* und alles das, was als hinduistisches Schrifttum gilt, und damit auch an Avatare und die Wiedergeburt.

2. Ich glaube an den Varnashrama-Dharma in einem aus meiner Sicht streng vedischen Sinne, nicht jedoch an seine gegenwärtig verbreitete und grobe Auslegung.

3. Ich glaube an den Schutz der Kühe in einem umfassenderen Sinne als üblich.

4. Ich zweifele nicht an der Verehrung von Bildnissen.

Der Leser wird bemerkt haben, daß ich im Zusammenhang mit den *Veden* oder anderen Schriften absichtlich den Gebrauch von Begriffen wie »göttlicher Ursprung« vermieden habe. Denn ich glaube nicht an die alleinige Göttlichkeit der *Veden*. Ich halte die *Bibel*, den *Koran* und das *Avesta* für ebenso göttlich inspiriert wie die *Veden*. Mein Glaube an das hinduistische Schrifttum verlangt nicht von mir, jedes Wort und jeden Vers als göttliche Eingebung anzunehmen. Ich beanspruche auch nicht, irgendwelches Wissen aus erster Hand über diese wunderbaren Bücher zu besitzen. Aber ich beanspruche, die Wahrheit der grundlegenden Lehren in diesen Schriften zu kennen und zu empfinden. Ich lehne es ab, an irgendeine Deutung gebunden zu sein, so gelehrt sie auch sein mag, wenn sie meiner Vernunft oder Moral widerspricht. Ich lehne jeden Anspruch der gegenwärtigen Shankaracharyas und Shastris auf eine korrekte Deutung der hinduistischen Schriften nachdrücklich ab. Ich bin sogar überzeugt, daß unsere gegenwärtige Kenntnis dieser Bücher sich in einem äußerst chaotischen Zustand befindet. Ich glaube fest an den hinduistischen Aphorismus, daß niemand die *Shastras* wahrhaft kennt, der nicht Vollkommenheit in Unschuld (Ahimsa), Wahrheit (Satya) und Selbstbeherrschung oder Keuschheit (Brahmacharya) erlangt und auf Erwerb oder Besitz jeglichen Wohlstands verzichtet hat. Ich glaube an die Institution der Gurus, aber in dieser Zeit müssen Millionen ohne einen Guru auskommen, da eine solche Verbindung von vollkommener Reinheit und Gelehrsamkeit nur höchst selten zu finden ist. Dennoch muß man nicht an der Erkenntnis der Wahrheit unserer Religion verzweifeln, denn die Grundlagen des Hinduismus sind – wie die jeder großen Religion – unwandelbar und leicht zu verstehen. Jeder Hindu glaubt an Gott und seine Alleinheit, an Wiedergeburt und Erlösung.

Ich kann meine Gefühle für den Hinduismus nicht besser beschreiben als mittels jener, die ich für meine Frau hege: Sie rührt mich, wie es keine andere Frau auf der Welt vermag. Nicht daß sie keine Fehler hätte. Ich wage zu behaupten, daß sie davon noch viel mehr hat, als ich sehe. Dennoch ist da das Gefühl einer unauflöslichen Verbindung. Genauso empfinde ich für den Hinduismus mit all seinen Mängeln und Beschränkungen. Nichts begeistert mich so wie der Klang der *Gita* oder des *Ramayana* von Tulsidas, die beiden einzigen Werke des Hinduismus, von denen ich beanspruchen kann, sie zu kennen. Als ich glaubte, meinen letzten Atemzug zu tun, war die *Gita* mein Trost. Ich weiß um die Untugenden, die heute in allen großen Hindu-Tempeln gängige Praxis sind, aber ich liebe sie trotz ihrer unaussprechlichen Schwächen. Sie erwecken meine Anteilnahme wie nichts anderes. Ich bin durch und durch ein Reformer. Doch niemals bringt mein Eifer mich dazu, grundlegende Lehren des Hinduismus abzulehnen. Ich sagte, daß ich nicht an der Verehrung von Bildnissen zweifele. Allerdings erregt ein Abbild auch keinerlei Gefühl von Ehrfurcht in mir. Dennoch glaube ich, daß die Verehrung von Bildnissen Teil der menschlichen Natur ist. Wir sehnen uns nach Symbolen. Warum sonst sollte jemand in einer Kirche zuversichtlicher sein als andernorts? Bilder sind eine Hilfe beim Gottesdienst. Kein Hindu hält ein Bildnis für Gott. Ich betrachte die Verehrung von Bildnissen nicht als Sünde.

Aus dem Vorangegangenen wird deutlich, daß der Hinduismus keine Religion mit Ausschließlichkeitsanspruch ist. In ihm ist Raum für alle Propheten der Welt. Er ist keine missionierende Religion im üblichen Sinne. Zweifellos hat er viele Triebe in seinen Schoß aufgenommen, aber diese Aufnahme geschah evolutionär, unmerklich. Der Hinduismus rät jedem, Gott seinem eigenen Glauben oder Dharma entsprechend zu verehren, und lebt daher in Frieden mit allen Religionen.

In meiner Vorstellung vom Hinduismus hat Unberührbarkeit nie einen Platz eingenommen. Ich habe sie stets als Wucherung betrachtet. Es ist wahr, daß Unberührbarkeit seit Generationen überliefert wird, doch dasselbe gilt für viele andere schlechte Gewohnheiten. Allein der Gedanke, daß sich Mädchen als Teil hinduistischer Gottesverehrung prostituieren, ist beschämend. Dennoch wird dies von Hindus in vielen Gegenden Indiens praktiziert. Ich betrachte es als Irrlehre, der Göttin Kali Ziegen zu opfern, und keineswegs als Bestandteil des Hinduismus. Der Hinduismus ist über Zeitalter zu dem herangewachsen, was er heute ist. Selbst den Namen »Hinduismus« hat die Religion der Völker Hindustans von Fremden erhalten. Sicherlich wurden zu gewissen Zeiten im Namen der Religion Tiere geopfert. Aber das hat nichts mit Religion und schon gar nichts mit hinduistischer Religion zu tun. Daher vermute ich, daß diejenigen ausgestoßen wurden, die weiter Rindfleisch aßen, als der Schutz der Kühe zum Glaubensartikel unserer Vorfahren wurde. Es muß zu ernsthaften inneren Auseinandersetzungen gekommen sein. Soziale Ächtung traf nicht nur die Widerspenstigen selbst, sondern man bestrafte auch noch die Kinder für die Sünden der Väter. Eine Maßnahme, der ursprünglich gewiß eine gute Absicht zugrunde lag, verhärtete sich in der Praxis, und in unsere heiligen Bücher schlichen sich Verse ein, die ihr unverdiente und ungerechtfertigte Beständigkeit verliehen. Meine Theorie mag richtig sein oder nicht, Unberührbarkeit bleibt unvereinbar mit der Vernunft und Empfindungen wie Barmherzigkeit, Mitgefühl und Liebe. Eine Religion, die die Verehrung der Kuh begründete, kann die grausame und inhumane Ächtung menschlicher Wesen weder billigen noch rechtfertigen. Und ich würde mich lieber in Stücke reißen lassen, als diese Unterdrückten zu verstoßen. Niemals werden Hindus die Freiheit erringen, wenn sie zulassen, daß ihre edle Religion am Makel der Unberührbarkeit festhält. Und da ich den Hinduismus mehr liebe als mein Leben, ist dieser Makel für mich zu einer unerträglichen Bürde geworden. Wir dürfen Gott nicht leugnen, indem wir einem Fünftel unseres Volkes das Recht verweigern, mit anderen Menschen auf gleicher Ebene zu verkehren.

Young India, 6. Oktober 1921

5 · Sanatana-Hinduismus

Gandhi an einen Briefpartner, der seine Interpretation des Hinduismus kritisiert hatte:

Ich halte nichts von buchstabengetreuer Auslegung. Also bemühe ich mich, den *Geist* der verschiedenen Schriften der Welt zu verstehen. Dabei unterziehe ich sie einer Prüfung auf Wahrheit und Ahimsa, Kategorien, die diese Schriften selbst eingeführt haben. Unvereinbares lehne ich ab, und alles Vereinbare mache ich mir zu eigen. Die Geschichte eines Shudra, der von Ramachandra bestraft wurde, weil er es gewagt hatte, die *Veden* zu lernen, lehne ich als Einschub ab. Auf jeden Fall verehre ich Rama, der für mich das vollkommene Wesen repräsentiert und keine historische Persönlichkeit, denn Fakten können sich jederzeit durch neue historische Erkenntnisse und Forschungen ändern. Tulsidas hatte nichts mit dem geschichtlichen Rama zu tun. Auf seine historische Stichhaltigkeit überprüft, wäre das *Ramayana* reif für den Abfallhaufen. Als spirituelle Erfahrung ist das Werk nahezu unübertroffen, zumindest für mich. Und dennoch schwöre ich nicht auf jedes Wort, das in den zahlreichen Ausgaben des *Ramayana* von Tulsidas veröffentlicht wurde. Es ist der Geist, der dieses Werk durchzieht, der mich in seinem Bann hält. Ich kann das Verbot für Shudras, die *Veden* zu studieren, nicht billigen. Meiner Meinung nach sind wir gegenwärtig alle Shudras, so lange nämlich, wie wir Sklaven bleiben. Wissen kann nicht das Vorrecht einer Klasse oder Gruppe sein. Dennoch begreife ich, daß es unmöglich ist, höhere oder erhabenere Wahrheiten ohne Vorbildung zu erfassen, ebenso wie man ohne Vorbereitung die dünnere Luft in größeren Höhen nicht atmen oder ohne Ausbildung in einfacher Mathematik höhere Geometrie oder Algebra nicht verstehen kann. Schließlich gibt es gewisse sinnvolle Gepflogenheiten. Es gibt Vorschriften für die Rezitation der *Gayatri*, nach denen sie nur zu festgesetzten Zeiten und nachdem die vorschriftsmäßigen Waschungen vorgenommen wurden, rezitiert werden darf. Da ich an den Sinn dieser Regeln glaube, aber nicht immer in der Lage bin, sie zu befolgen, bin ich in den vergangenen Jahren den späteren Heiligen gefolgt und begnüge mich mit dem *Dvadashakshara-Mantra* [vgl. S. 37] aus dem *Bhagavata* oder der noch einfacheren Formel von Tulsidas und einer Auswahl aus der *Gita* und anderer Werke sowie einiger Bhajanas auf Prakrit. Sie sind meine tägliche spirituelle Nahrung – meine *Gayatri*. Sie spenden mir den Frieden und Trost, den ich Tag für Tag brauche.

Young India, 27. August 1925

6 · Antworten auf einige Einwände

Ich will überall das Spinnrad sehen, denn überall sehe ich Armut. Ehe wir all die bis auf die Knochen abgemagerten Menschen Indiens nicht gespeist und gekleidet haben, wird Religion keine Bedeutung für sie haben. Sie leben wie Vieh, und wir sind dafür verantwortlich. Dafür ist das Spinnrad unsere Buße. Religion ist Dienst an den Hilflosen. Gott offenbart sich uns in Gestalt der Hilflosen und Geschlagenen. Doch trotz unserer Stirnzeichen beachten wir sie, das heißt Gott, nicht. Gott ist und ist nicht in den *Veden*. Wer den Geist der *Veden* versteht, erkennt Gott in ihnen. Wer sich an den einzelnen Buchstaben der *Veden* heftet, ist ein Vedia – ein Wortgetreuer. Narasinha Mehta singt sogar das Lob der Gebetskette, und dieses Lob ist wohlverdient. Doch ebenjener Narasinha hat auch gesagt:

»Was nützen Tilaka und Tulsi, was nützen die Gebetskette und das Murmeln der Namen, was nützt die grammatikalische Entzifferung der *Veden*, was die Beherrschung der Schrift? All dies sind Mittel, um den Bauch zu füllen, und nichts wert, wenn sie nicht helfen, das Parabrahma zu erkennen.«

Muslime zählen die Perlen ihres Tasbih, und die Christen beten den Rosenkranz. Beide jedoch würden sich für gottlos halten, wenn Tasbih oder Rosenkranz sie davon abhielten, einem, der mit einem Schlangenbiß darniederliegt, zu Hilfe zu eilen. Die bloße Kenntnis der *Veden* macht die Brahmanen nicht zu unseren Lehrern. Andernfalls wäre ja auch Max Müller ein solcher. Einem

Brahmanen, der die heutige Religion verstanden hat, wird vedische Gelehrsamkeit als zweitrangig gelten, und er wird die Lehre des Spinnrads verbreiten, den Hunger von Millionen seiner darbenden Landsleute lindern und sich dann – erst dann – ins Studium der *Veden* versenken.

Für mich ist der Weg des Spinnrads jeder Praxis der bekennenden Religionen überlegen. Das bedeutet jedoch nicht, daß wir die letzteren aufgeben sollten. Ich meine nur, daß ein Dharma, der von den Anhängern aller Religionen befolgt werden soll, über sie hinauswächst, und daher sage ich, ein Brahmane ist ein besserer Brahmane, ein Muslim ein besserer Muslim, ein Vishnuit ein besserer Vishnuit, wenn er das Spinnrad im Geiste des Dienens dreht.

Wenn ich das Rad im Bett drehen könnte und das Gefühl hätte, es würde mir helfen, meine Gedanken auf Gott zu konzentrieren, würde ich zu seinen Gunsten die Gebetskette beiseite legen. Wäre ich kräftig genug, das Spinnrad zu drehen, und hätte die Wahl zwischen Perlen zählen und dem Spinnrad, würde ich mich gewiß für letzteres entscheiden, es zu meiner Gebetskette machen, solange ich sehe, wie Armut und Hunger das Land heimsuchen. Ich freue mich auf eine Zeit, in der sich die Anrufung des Namens Rama erübrigt. Nachdem ich erkannt habe, daß Rama die Sprache transzendiert, werde ich nicht das Bedürfnis haben, seinen Namen zu wiederholen. Spinnrad, Gebetskette und Ramanama sind das gleiche für mich. Sie dienen dem gleichen Ziel, sie lehren mich die Religion des Dienens. Ich kann Ahimsa nicht ohne die Religion des Dienens ausüben, und ich kann die Wahrheit nicht finden, ohne Ahimsa zu praktizieren. Und außer der

Wahrheit gibt es keine Religion. Die Wahrheit, das sind Rama, Narayana, Ishvara, Khuda, Allah, Gott. Wie Narasinha sagt: »Aus Gold lassen sich verschiedene Dinge und Gestalten schmieden; letzten Endes jedoch sind sie alle Gold.«

Young India, 14. August 1924

7 · Der Kongreß und danach

Wir Hindus haben im Namen der Religion aus äußerlichen Observanzen einen Fetisch gemacht und unseren Glauben herabgesetzt, indem wir ihn auf Fragen des Essens und Trinkens reduzieren. Der Brahmanismus verdankt seine unangefochtene Stellung Selbstlosigkeit, innerer Reinheit und strenger Enthaltsamkeit – all diese erleuchtet durch Erkenntnis. Hindus sind verdammt, wenn sie den spirituellen Auswirkungen, die Nahrungsmittel und zwischenmenschliche Berührungen haben könnten, allzu große Bedeutung beimessen. Prüfungen und Versuchungen von Innen ausgesetzt – wie wir es sind – und verstört von unberührbaren und schmutzigen Gedanken – wie wir es auch sind –, sollten wir den Einfluß des Umgangs mit Menschen, die wir aus Unwissenheit und Hochmut als unterlegen betrachten, nicht überschätzen. Vor dem Thron des Allmächtigen wird man uns nicht nach dem richten, was wir gegessen haben oder von wem wir berührt wurden, sondern danach, wem wir gedient haben und wie. In dem Maße, in dem wir einem einzelnen Menschen in Not zur Seite stehen, werden auch wir Gnade in den Augen Gottes finden. Schlechte und anregende oder schmutzige Nahrung sind ebenso zu vermeiden wie schlechter Umgang. Dennoch sollten wir diesen Vorschriften keinen Platz einräumen, der nicht im Verhältnis zu ihrer Bedeutung steht. Wir dürfen den Verzicht auf bestimmte Nahrungsmittel nicht als Deckmantel für Betrug und Heuchelei oder schlimmere Laster mißbrauchen. Wir dürfen uns nicht weigern, einem gestrauchelten Bruder zu dienen, solange der Umgang mit ihm unsere spirituelle Entwicklung nicht hemmt.

Young India, 5. Januar 1929

8 · Meine Mission

Ich halte mich nicht für würdig, in einem Atemzug mit dem Geschlecht der Propheten genannt zu werden. Ich bin ein demütiger Wahrheitssucher. Ungeduldig strebe ich danach, selbst zu erkennen, Moksha in diesem Dasein zu erlangen. Der Dienst an meiner Nation ist Teil meiner Übungen zur Befreiung meiner Seele von den Fesseln des Fleisches. So gesehen könnte man meinen Dienst als rein eigennützig betrachten. Ich habe kein Verlangen nach dem vergänglichen Reich des Irdischen. Ich strebe nach dem himmlischen Reich, das Moksha ist. Um mein Ziel zu erreichen, muß ich nicht Zuflucht in einer Höhle suchen, ich trage sie in mir. Auch ein Höhlenbewohner kann Luftschlösser bauen, wohingegen ein Palastbewohner wie Janak keine Schlösser mehr zu bauen braucht. Der Höhlenbewohner, der auf den Flügeln seiner Gedanken die Welt umkreist, kennt keinen Frieden. Einer wie Janak mag, obgleich von ›Prunk und Protz‹ umgeben, unvorstellbaren Frieden besitzen. Für mich liegt der Weg zur Erlösung in unablässigem Mühen im Dienste meines Landes und damit der Menschheit. Ich will mich mit allem, was lebt, identifizieren. In der Sprache der *Gita*: Ich will mit Freund und Feind in Frieden leben. Ein Muslim, ein Christ oder ein Hindu kann mich verachten und hassen, und ich will ihn dennoch lieben und ihm dienen, wie ich meine Frau oder meinen Sohn lieben würde, selbst wenn sie mich haßten. Patriotismus ist für mich eine Wegstrecke auf der Reise ins Land ewiger Freiheit und ewigen Friedens. Daran sieht man, daß es für mich keine Politik ohne Religion gibt. Politik ist der Religion förderlich. Politik ohne Religion ist eine Todesfalle, denn sie tötet die Seele.

Young India, 3. April 1924

9 · Spannungen zwischen Hindus und Muslimen. Ursachen und Heilmittel

Meiner Ansicht nach existiert so etwas wie Missionseifer, wie er im Christentum oder in geringerem Maße auch im Islam verstanden wird, im Hinduismus nicht. Der Arya Samaj hat, meine ich, bei der Planung seiner Propaganda die Christen kopiert. Die moderne Methode spricht mich nicht an. Sie hat mehr Schaden als Nutzen angerichtet. Obwohl Religion eine Herzensangelegenheit zwischen dem Schöpfer und dem Einzelnen ist, appelliert man hier an die selbstsüchtigen Instinkte. Ein Prediger des Arya Samaj ist am glücklichsten, wenn er andere Religionen verunglimpfen kann. Meine hinduistische Intuition sagt mir, daß alle Religionen mehr oder weniger wahr sind. Alle entspringen demselben Gott, dennoch sind alle unvollkommene menschliche Werkzeuge. Die wahre Shuddhi-Bewegung sollte darin bestehen, daß jeder versucht, in seinem Glauben zur Vollkommenheit zu gelangen. Bei solch einem Vorhaben ist Charakter die einzige Prüfung. Was nützt es, von einer Abteilung zur anderen überzuwechseln, wenn es keine moralische Steigerung bedeutet? Worin liegt der Sinn, mich zum Dienst an Gott zu bekehren (denn das muß die Folge von Shuddhi oder Tabligh sein), wenn die, die in meiner Gemeinde sind, Gott Tag für Tag durch ihre Taten verleugnen. »Arzt, heile dich selbst« trifft mehr auf religiöse als auf weltliche Dinge zu. Doch das sind meine Ansichten. Wenn die Arya-Samajisten glauben, den Ruf ihres Gewissens zu vernehmen, haben sie jedes Recht, eine Bewegung zu gründen. Eine dringende Berufung kennt weder eine zeitliche Begrenzung noch das Hindernis der Erfahrung. Wenn die Einheit von Hindus und Muslimen in Gefahr gerät, weil ein Prediger des Arya Samaj oder der Muslime einem inneren Ruf gehorchend seinen Glauben verkündet, kann diese Einheit nur oberflächlich sein. Warum sollten uns solche Bewegungen aus der Ruhe bringen? Sie müssen nur echt sein. Wenn die Malkanas in den Schoß des Hinduismus zurückkehren wollen, haben sie das Recht, dies zu tun, wann immer es ihnen beliebt. Doch eine Propaganda, die andere Religionen verunglimpft, ist nicht zu gestatten. Das wäre eine Aufhebung der Duldsamkeit. Der beste Umgang mit derartiger Propaganda ist ihre öffentliche Verurteilung.

Young India, 29. Mai 1924

10 · Was dürfen Hindus?

Obwohl die Mehrheit der Muslime und Hindus in Indien zum gleichen »Stamm« gehören, sind sie durch ihr religiöses Umfeld unterschiedlich geprägt. Ich glaube und habe auch beobachtet, daß Gedanken die Menschen ebenso prägen wie Charakterzüge. Die Sikhs sind das jüngste Beispiel für diesen Umstand. Die Muslime, die in der Minderheit sind, haben sich auf diese Weise zu einer Schicht von Tyrannen entwickelt. Überdies demonstrieren sie als Erben einer jungen Überlieferung die frische Kraft einer verhältnismäßig neuen Lebensweise. Auch wenn meiner Ansicht nach die Gewaltlosigkeit ein hervorstechender Zug des *Koran* ist, haben 1300 Jahre imperialistischer Expansion den Typ des aggressiven muslimischen Kämpfers hervorgebracht. Herrschsucht ist der natürliche Auswuchs eines aggressiven Geistes. Die Hindus gehören einer uralten Kultur an. Sie sind im wesentlichen gewaltlos. Ihre Kultur hat die Erfahrungen bereits durchlaufen, die die beiden jüngeren Bekenntnisse noch machen. Falls der Hinduismus je imperialistisch im modernen Sinne des Wortes war, hat er diesen Imperialismus überlebt und ihn entweder bewußt oder der Umstände wegen abgelegt. Die Vorherrschaft des gewaltlosen Geistes hat den Gebrauch von Waffen auf eine kleine Minderheit begrenzt, die stets einer staatlichen, höchst spirituellen, gelehrten und selbstlosen Macht untergeordnet ist. Einerseits sind die Hindus in ihrer Gesamtheit nicht zum Kämpfen ausgerüstet, und sie können nicht mit Waffen umgehen. Andererseits haben sie ihr spirituelles Streben nicht beibehalten, und so ist der Einsatz von Spiritualität anstelle von Waffen in Vergessenheit geraten, und sie sind gefügig bis zur Furchtsamkeit oder Feigheit geworden. Diese Untugend ist ein natürlicher Auswuchs der Sanftmut. Ich glaube nicht, daß hinduistische Ausschließlichkeitsansprüche, so tadelnswert sie zweifellos sind, viel mit der Furchtsamkeit der Hindus zu tun haben. Deshalb auch meine Ablehnung der Akharas als Schulungszentren zur Selbstverteidigung. Als Mittel zur körperlichen Ertüchtigung sind sie lobenswert, aber zum Zweck der Selbstverteidigung würde ich eine spirituelle Wiederaufrüstung empfehlen. Die beste und dauerhafteste Art der Selbstverteidigung ist Selbstläuterung. Ich weigere mich, wegen der Ängste, die uns heutzutage heimsuchen, den Boden unter den Füßen zu verlieren. Wenn Hindus nur an sich selbst glauben und im Einklang mit ihren Traditionen handeln würden, hätten sie keinen Grund, sich vor einer Tyrannei zu fürchten. In dem Moment, in dem sie sich wieder ihrem wahren spirituellen Streben zuwenden, müssen die Muslime re-agieren.

Wenn ich eine Gruppe junger Hindus mit Selbstvertrauen zusammenbekäme, könnten sie zum Schild für die Schwächeren werden. Sie würden zeigen, wie man stirbt, ohne zu töten. Ich weiß keinen anderen Weg. Wenn unsere Vorfahren in Not gerieten, wendeten sie Tapasya – Askese – an. Sie erkannten die Hilflosigkeit des Fleisches, und in ihrer Hilflosigkeit beteten sie, bis sie den Schöpfer zwangen, ihrem Ruf zu gehorchen. »Das stimmt«, sagt mein hinduistischer Freund, »aber dann schickte Gott jemanden, der Waffen führte.« Mir kommt es nicht darauf an, seine Antwort zu widerlegen. Ich sage nur, daß man als Hindu nicht die Ursache ignorieren, wohl aber die Wirkung annehmen darf. Es ist Zeit zu kämpfen, wenn wir genügend Tapasya geleistet haben. Sind wir ausreichend geläutert? frage ich. Haben wir willig Buße getan für die Sünde der Unberührbarkeit, ganz zu schweigen von unserer persönlichen Reinheit? Sind unsere religiösen Lehrer so, wie sie sein sollten? Wir verschwenden nur unnötige Energie, wenn wir uns ständig darauf konzentrieren, das Verhalten der Muslime zu kritisieren.

Young India, 19. Juni 1924

11 · Hinduismus heute

Der Hinduismus ist ein lebendiger Organismus, der Wachstum und Verfall und den Gesetzen der Natur unterworfen ist. Eins und unteilbar an der Wurzel, ist er zu einem riesigen Baum mit unzähligen Ästen herangewachsen. Er ist dem Wechsel der Jahreszeiten ausgesetzt. Er hat seinen Herbst und seinen Sommer, seinen Winter und seinen Frühling. Auch der Regen nährt und befruchtet ihn. Er gründet sich – und gründet sich auch wieder nicht – auf ein Schrifttum. Er schöpft seine Macht nicht nur aus einem einzigen Buch. Die *Gita* ist allgemein anerkannt, doch weist sie nur einen Weg. Sie hat kaum Auswirkungen auf Sitten und Gebräuche. Der Hinduismus ist wie die Ganga, rein und unverschmutzt an der Quelle, nimmt jedoch in seinem Verlauf Unreinheiten auf. Wie die Ganga ist er wohltätig in seiner Gesamtwirkung. In jedem Landstrich nimmt er eine lokale Gestalt an, doch seine Essenz bleibt überall erhalten. Brauchtum ist nicht Religion. Bräuche können sich ändern, Religion bleibt unverändert.

Die Reinheit des Hinduismus hängt von der Disziplin seiner Anhänger ab. Sooft ihre Religion in Gefahr war, haben die Hindus sich strenger Buße unterzogen, nach den Ursachen der Gefahr geforscht und Mittel erdacht, um sie zu bekämpfen. Die *Shastras* wachsen beständig an. Die *Veden*, *Upanishaden*, *Smritis*, *Puranas* und *Itihasas* sind nicht zu ein und derselben Zeit entstanden.

Jede Schrift erwuchs aus den Notwendigkeiten ihrer besonderen Epoche, und daher kommt es, daß viele von ihnen im Widerspruch zueinander stehen. Diese Bücher drücken keine ewigen Wahrheiten aus, zeigen jedoch, wie die Wahrheit zur jeweiligen Zeit, in der die Bücher entstanden, ausgeübt wurde. Ein Brauch, der in einer bestimmten Epoche gut funktionierte, stürzt die Menschen einer anderen in einen »Sumpf der Verzweiflung«, falls er unbesehen übernommen wird. Sollen wir die Sitte des Tieropfers heute wiederbeleben, weil sie irgendwann einmal eingeführt wurde? Sollen wir Rindfleisch essen, weil wir es irgendwann einmal getan haben? Sollen wir die Barbarei, Dieben Hände und Füße abzuhacken, wieder einführen, weil wir es irgendwann einmal getan haben? Sollen wir die Polyandrie wieder beleben? Die Verheiratung von Kindern? Irgendwann einmal haben wir einen Teil der Menschheit geächtet, sollen wir deshalb ihre Nachkommen noch heute als Ausgestoßene brandmarken?

Der Hinduismus verabscheut Stagnation. Erkenntnis ist grenzenlos, und ebenso die Anwendung von Wahrheit. Täglich ergänzen wir unser Wissen von der Macht des Atman, und wir werden es weiter tun. Neue Erfahrungen werden uns neue Pflichten lehren, aber die Wahrheit wird immer dieselbe sein. Wer hat sie je in ihrer Gesamtheit erkannt? Die *Veden* verkörpern die Wahrheit, sie sind unendlich. Doch wer hat sie je in ihrer Gesamtheit gekannt? Was heute den Namen *Veda* trägt, ist nicht einmal der millionste Teil des echten *Veda* – der Bücher der Weisheit. Und wer kennt die gesamte Bedeutung der wenigen Bücher, die wir haben? Statt uns durch diese endlosen Verstrickungen zu schicken, haben unsere Weisen uns eines gelehrt: »Wie mit dem Selbst, so mit dem Universum.« Es ist ebensowenig möglich, das Universum zu überblicken wie das Selbst. Erkenne dich selbst, und du kennst das Universum. Aber selbst die Kenntnis des inneren Selbst setzt unermüdliches und reines Streben voraus, und reines Streben setzt ein reines Herz voraus, welches wiederum von der Übung der Yamas und Niyamas, der kardinalen und sekundären Tugenden, abhängt.

Diese Übungen sind ohne Gottes Gnade, die an Glaube und Hingabe gebunden ist, nicht möglich. Deshalb besang Tulsidas den Ruhm des Ramanama, deshalb lehrte der Autor des *Bhagavata* den *Dvadashakshara-Mantra* (Om Namo Bhagavate Vasudevaya). Für mich ist derjenige ein wahrer Hindu, der aus ganzem Herzen seinen Mantra rezitiert.

Die Europäer beschäftigen sich mit unseren Sitten und Gebräuchen. Doch ihre Studien sind die von Kritikern, nicht die von Bewunderern. Diese »Studien« können mir nichts über Religion vermitteln.

Der Hinduismus besteht nicht aus Vorschriften, was man essen und nicht essen darf. Er besteht im Kern aus richtigem Verhalten und der korrekten Befolgung von Wahrheit und Gewaltlosigkeit. Viele Menschen, die Fleisch essen, aber die kardinalen Tugenden des Mitgefühls und der Wahrheit befolgen und gottesfürchtig leben, sind bessere Hindus als manche Heuchler, die kein Fleisch essen. Und einer, dessen Augen für die Gewalt offen sind, die im Genuß von Rindfleisch oder Fleisch liegt, und ihn deshalb ablehnt, der »sowohl Menschen, Vögel als auch Tiere« liebt, verdient unsere tiefe Bewunderung. Er hat Gott gesehen und erkannt; er ist sein bester Jünger. Er ist ein Lehrer der Menschheit.

Hinduismus und alle anderen Religionen werden gegeneinander abgewogen. Die ewige Wahrheit ist eins. Gott ist ebenfalls eins. Jeder von uns sollte sich von widersprüchlichen Glaubensbekenntnissen und Bräuchen fernhalten und geradeaus dem Pfad der Wahrheit folgen. Nur dann werden wir wahre Hindus sein. Auf der Erde stolzieren viele selbsternannte Sanatani-Hindus herum. Wer weiß, ob Gott nicht nur wenige von ihnen auserwählen wird? Gottes Gnade wird jenen zuteil werden, die Seinem Willen gehorchen und Ihm dienen, nicht jenen, die ständig nur »Rama, Rama« murmeln.

Young India, 8. April 1926

12 · Das vielköpfige Ungeheuer

Einige der Geschichten, die in den *Puranas* erzählt werden, können höchst gefährlich sein, wenn man sie unbesehen auf gegenwärtige Umstände überträgt. Die *Shastras* wären Todesfallen, wenn wir unser Verhalten auf jede Einzelheit in ihnen abstimmen würden, oder auf die in ihnen beschriebenen Charaktere. Sie helfen uns lediglich, grundlegende Prinzipien zu definieren und zu verstehen. Wenn eine bekannte Figur aus einem religiösen Buch sich gegen Gott oder die Menschen versündigt, steht es dann fest, daß wir diese Sünde wiederholen? Es genügt, wenn uns ein für allemal gesagt wird, daß die Wahrheit das einzige auf der Welt ist, das zählt, und daß die Wahrheit Gott ist. Dabei ist es unerheblich, daß selbst Yudhishthira zur Unwahrheit verleitet wurde. Wir müssen vielmehr wissen, daß er in dem Moment, in dem er die Unwahrheit sagte, leiden mußte und sein großer Name ihn keineswegs vor Strafe bewahrte. Ebenfalls irrelevant ist es für uns zu erfahren, daß Adishankara einem Chandala aus dem Weg gehen sollte. Wir müssen jedoch erkennen, daß eine Religion, die uns lehrt, alles Leben so zu behandeln wie uns selbst, unmöglich die unmenschliche Behandlung eines einzigen Geschöpfs billigen kann, ganz zu schweigen von einer ganzen Schicht völlig unschuldiger Menschen. Überdies sind uns nicht einmal genügend Fakten bekannt, um zu beurteilen, was Adishankara getan hat und was nicht. Noch weniger kennen wir die Bedeutung des Wortes Chandala an dieser Stelle. Es hat zugegebenermaßen viele Bedeutungen, von denen eine

»Sünder« lautet. Doch wenn alle Sünder als unberührbar gelten sollten, stünde stark zu befürchten, daß wir alle, der Pandit* nicht ausgeschlossen, unter den Bann der Unberührbarkeit fallen würden. Unberührbarkeit ist eine alte Institution, die niemand je geleugnet hat. Doch wenn sie ein Übel ist, kann man sie nicht nur aufgrund ihres Alters beibehalten.

Young India, 29. Juli 1926

* Der Artikel, aus dem dieser Auszug stammt, antwortet einem Pandit aus dem Süden, der für die Aufrechterhaltung der Unberührbarkeit plädierte.

13 · Tulsidas

Einige Freunde haben bei verschiedenen Anlässen meine Einstellung zum *Ramayana* von Tulsidas kritisiert. Ihre Kritik läuft im wesentlichen auf folgendes hinaus:

»Du bezeichnest das *Ramayana* als das beste aller Bücher, aber wir konnten uns nie mit deiner Ansicht anfreunden. Siehst du nicht, daß Tulsidas das weibliche Geschlecht herabsetzt? Er verteidigt die hinterhältige Täuschung Valis durch Rama, lobpreist Vibhishan für den Verrat an seinem Land und schildert Rama trotz seiner groben Ungerechtigkeit gegenüber Sita als Avatara? Welche Schönheit siehst du in einem Buch wie diesem? Oder glaubst du, seine dichterische Schönheit macht alles andere wett?«

Ich gebe zu, daß die kritisierten Punkte im einzelnen schwer zu widerlegen sind und man das *Ramayana* als Ganzes auf diese Weise leicht verurteilen kann, was allerdings für fast alles und jeden gilt. Es gibt eine Geschichte über einen gefeierten Künstler, der als Reaktion auf seine Kritiker die Besucher einlud, ihre Meinung zu einem ausgestellten Bild zu äußern, indem sie die Stellen, die sich nicht mochten, mit Punkten markierten. Das Ergebnis war, daß fast das gesamte Bild mit kritischen Markierungen übersät war. In Wirklichkeit jedoch war es ein künstlerisches Meisterwerk. Weder die *Veden*, noch die *Bibel* oder der *Koran* sind von Vor-Verurteilungen ausgenommen. Um zu einer richtigen Einschätzung zu gelangen, sollte man ein Werk immer als Ganzes beurteilen. Soviel zu äußerlicher Kritik. Die innere Prüfung eines Buches besteht darin, herauszufinden, welche Wirkung es auf die Mehrzahl der Leser ausübt. In jedem Fall bleibt die Stellung des *Ramayana* als das Buch par excellence unangefochten. Das kann jedoch nicht bedeuten, daß es vollkommen frei von Fehlern ist. Doch kann man zugunsten des *Ramayana* anführen, daß es Millionen Frieden und Glauben gegeben hat und bis heute Tausenden, die das Feuer des Unglaubens verbrennt, als lindernde Salbe dient. Jede Seite fließt über vor inniger Hingabe. Es ist eine wahre Goldgrube spiritueller Erfahrung.

Wahr ist, daß das *Ramayana* zuweilen von übel gesinnten Personen benutzt wird, um üble Ziele zu unterstützen. Doch das ist kein Beweis für Übles im *Ramayana*. Ich gebe zu, daß Tulsidas, wie ich meine unabsichtlich, dem weiblichen Geschlecht Unrecht getan hat. Darin, wie auch in mehreren anderen Punkten, ist es ihm nicht gelungen, sich über die herrschende Meinung seiner Zeit zu erheben. Mit anderen Worten, Tulsidas war kein Reformer, er war nur ein Fürst unter Ramas Jüngern. Die Fehler des *Ramayana* sind weniger Tulsidas anzulasten, sie sind vielmehr ein Spiegel seiner Zeit.

Welche Haltung sollte ein Reformer unter diesen Umständen zur Stellung der Frau einnehmen? Kann er von Tulsidas keinerlei Hilfe erwarten? Die Antwort ist ein nachdrückliches »Doch!«. Ungeachtet der herabsetzenden Bemerkungen über Frauen im *Ramayana* sollte man nicht vergessen, daß Tulsidas der Welt das unvergleichliche Bild der Sita präsentiert hat. Was wäre Rama ohne Sita? Außerdem entdecken wir eine Menge anderer edler Gestalten im *Ramayana*, z.B. Kaushalya, Ramas Mutter, oder Sumitra, die Mutter seines Bruders Lakshmana. Wir neigen das Haupt in Verehrung vor dem Glauben und der Hingabe der Shabari oder der Ahalya. Ravana war ein Ungeheuer, aber Mandodari war eine Sati. Meiner Ansicht nach belegen diese Beispiele, daß Tulsidas kein Frauenfeind aus Überzeugung war. Im Gegenteil, soweit es seine Überzeugung betraf, hatte er Hochachtung vor ihnen.

Der Mord an Vali jedoch läßt Raum für zwei Auffassungen. An Vibhishan kann ich keinen Makel entdecken. Vibhishan leistete passiven Widerstand (Satyagraha) gegen seinen Bruder. Sein Beispiel lehrt uns, daß es falsch verstandener Patriotismus ist, mit den Fehlern seines Herrschers oder Landes zu sympathisieren oder zu versuchen, sie zu vertuschen. Wahrer Patriotismus ist es, sich dagegen aufzulehnen. Durch seine Hilfe für Rama leistet Vibhishan seinem Land den treusten Dienst. Ramas Behandlung von Sita ist nicht herzlos. Sie belegt lediglich den Konflikt zwischen den Pflichten eines Königs und der Liebe eines Mannes zu seiner Frau.

Den Skeptikern, die ehrliche Zweifel in bezug auf das *Ramayana* hegen, lege ich nahe, nicht mechanisch irgendeine Deutung zu akzeptieren. Sie sollten einfach die Teile übergehen, bei denen sie Zweifel empfinden. Nichts, das im Gegensatz zur Wahrheit und zu Ahimsa steht, darf beschönigt werden. Es wäre eine Verdrehung zu behaupten, daß wir, weil Rama unserer Meinung nach Betrug anwendete, das gleiche tun dürfen. Richtig wäre es hingegen zu glauben, daß Rama des Betruges unfähig ist. Die *Gita* sagt: Nichts auf der Welt ist völlig frei von Makel. Daher wollen wir, wie der legendäre Schwan, der Wasser verschmäht und nur Milch trinkt, lernen, in allem das Gute zu schätzen und das Böse zu verweigern. Nichts und niemand ist vollkommen außer Gott.

Young India, 31. Oktober 1929

14 · Wöchentlicher Brief

(Weitere Fragen)

Gandhis Gespräch mit Herrn Basil Mathews, der wissen wollte, ob Gandhi bestimmte spirituelle Übungen befolge und welche Lektüre er als besonders hilfreich empfunden habe.

Gandhi: Yoga-Übungen sind mir fremd. Ich folge den Regeln, die ich in meiner Kindheit von meiner Kinderfrau gelernt habe. Damals fürchtete ich mich vor Geistern, und sie sagte immer zu mir: »Es gibt keine Geister, aber wenn du Angst hast, sprich das Ramanama.« Was ich in meiner Kindheit lernte, ist mir zu einem großen Gestirn an meinem geistigen Firmament geworden. Zu einer Sonne, die meine dunkelsten Stunden erhellt. Ein Christ mag den gleichen Trost bei der Anrufung des Namens Jesu, ein Muslim beim Namen Allahs empfinden. All diese haben die gleiche Bedeutung und führen unter identischen Umständen zu identischen Ergebnissen. Nur darf die Anrufung kein Lippenbekenntnis, sondern muß Teil des innersten Wesens sein.

Als hilfreiche Lektüre lesen wir regelmäßig die *Bhagavadgita* . Jeden Morgen halten wir Lesungen bestimmter Kapitel ab, so daß wir die *Gita* einmal in jeder Woche ganz durchlesen. Dann haben wir die Gesänge der verschiedenen indischen Heiligen, dazu kommen Lieder aus dem christlichen Gesangbuch. Wenn Khansahib bei uns ist, lesen wir auch im *Koran*. Wir glauben an die Gleichheit aller Religionen. Den größten Trost spendet mir die Lektüre des *Ramayana* von Tulsidas, aber auch das *Neue Testament* und der *Koran* sind tröstlich für mich. Ich nähere mich ihnen nicht kritisch. Für mich sind sie ebenso wichtig wie die *Bhagavadgita*, auch wenn nicht alles in der letzteren mich anspricht, ebenso wie nicht alles in den Paulusbriefen, zum Beispiel, oder bei Tulsidas. Die *Gita* ist ein rein religiöser Diskurs ohne jede Ausschmükkung. Sie beschreibt nur die Reise einer Pilgerseele zum Höchsten Ziel. Die Auswahl ist keine Frage für mich.

Herr Mathews: Sie sind wahrhaftig ein Protestant.

Gandhi: Ich weiß nicht, was ich bin oder nicht bin. Herr Hodge nennt mich einen Presbyterianer!

Herr Mathews: Wo liegt für Sie die Autorität?

Gandhi: Sie liegt hier *(zeigt auf seine Brust)*. Ich fälle mein Urteil über jede Schrift, einschließlich der *Gita*. Kein geschriebener Text kann an die Stelle meiner Vernunft treten. Auch wenn ich die bedeutendsten Bücher als Offenbarungen anerkenne, so weiß ich doch, daß sie unter dem Vorgang doppelter Destillierung leiden. Als erstes werden sie durch einen menschlichen Propheten übermittelt und dann von Exegeten kommentiert. Nichts darin kommt direkt von Gott. Matthäus gibt eine Fassung und Johannes eine andere. Meine Vernunft kann ich nicht aufgeben, auch wenn ich an die Offenbarungen Gottes glaube. Heißt es nicht »der Buchstabe tötet, der Geist gibt Leben«? Dennoch dürfen Sie mich nicht mißverstehen. Zugleich anerkenne ich die Kraft des Glaubens, Wahrheiten, wo die Vernunft keinen Platz hat, wie zum Beispiel die Existenz Gottes. Kein Argument kann mich von diesem Glauben abbringen, und wie das kleine

Mädchen, das wider jede Vernunft wiederholte »und doch sind wir sieben«, würde ich, auch wenn die Argumente eines höheren Intellekts mich widerlegen würden, nur wiederholen: »Und doch gibt es einen Gott.«

Harijan, 5. Dezember 1936

15 · Wöchentlicher Brief

(Gespräch mit Rao Bhadur Rajah)

In der reinsten Form des Hinduismus haben ein Brahmane, eine Ameise, ein Elefant und ein Hundekocher (shvapacha) den gleichen Status. Und weil unsere Philosophie so erhaben ist und es uns nicht gelingt, sie zu leben, haftet ihr heute ein übler Geruch an. Der Hinduismus besteht auf der Brüderlichkeit nicht nur aller Menschen, sondern allen Lebens. Dieses Konzept ist schwindelerregend, aber wir müssen uns ihm annähern. Erst wenn wir die wahre Gleichheit zwischen den Menschen wiederhergestellt haben, werden wir imstande sein, die Gleichheit zwischen dem Menschen und der gesamten Schöpfung zu verwirklichen. Wenn dieser Tag kommt, wird Friede auf Erden sein und den Menschen ein Wohlgefallen.

Harijan, 28. März 1936

16 · Wöchentlicher Brief

(Der Goldene Schlüssel)

Bei einer öffentlichen Versammlung in Quilon sprach Gandhi erstmals vom Glaubensbekenntnis des Hinduismus in einem upanishadischen Mantra. Später gab er bei jeder Versammlung erhellende und gut verständliche Kommentare zur vielschichtigen Bedeutung dieses allumfassenden Mantras. Im Folgenden ist die reine Darlegung aus Quilon ohne Kommentar abgedruckt:

Laßt mich einen Moment über die Inhalte des Hinduismus nachdenken und darüber, was an ihm so viele Heilige inspirierte, von denen wir Kenntnis haben. Warum hat er der Welt so viele Philosophen geschenkt? Was begeisterte die Anhänger des Hinduismus jahrhundertelang so sehr? Begeisterte er sie ungeachtet der Idee von Unberührbarkeit?

Im Laufe meines Kampfes gegen die Unberührbarkeit bin ich mehrfach von Arbeitern zum Wesen des Hinduismus befragt worden. Wir haben kein einfaches Kalma, sagten sie, wie wir es im Islam finden, noch haben wir Johannes 3.16 [»Denn also hat Gott die Welt geliebt, daß er seinen eingeborenen Sohn gab, damit alle, die an ihn glauben, nicht verloren werden, sondern das ewige Leben haben.« A. d. Ü.] wie die *Bibel*.

Gibt es eine Antwort auf diese Frage, auf diese Frage vieler Hindus? Einige meinen – und das nicht ohne guten Grund –, daß die *Gayatri* diesen Zweck erfüllt. Ich habe den *Gayatri-Mantra* vielleicht tausendmal rezitiert und dabei seine Bedeutung verstanden. Dennoch schien er die Gesamtheit meiner Erwartungen nicht zu erfüllen. In den vergangenen Jahren schwor ich, wie ihr wißt, auf die *Bhagavadgita* und sah in ihr die Antwort auf alle meine Fragen, meine Kamadhenu, meine Führerin, mein »Sesam öffne dich« in hundert Momenten des Zweifels und der Not gewesen. Ich erinnere mich an keine einzige Gelegenheit, in der sie mich im Stich gelassen hätte. Doch sie ist kein Buch, das ich der gesamten Zuhörerschaft empfehlen kann. Es erfordert inbrünstige Versenkung, ehe Kamadhenu die sättigende Milch aus ihrem Euter gewährt.

So habe ich mich für einen Mantra entschieden, der die Essenz des Hinduismus enthält. Viele von euch kennen die *Ishopanishad.* Ich selbst habe sie vor Jahren mit Übersetzung und Kommentar gelesen und im Gefängnis von Yeravda auswendig gelernt. Doch damals fesselte sie mich nicht so sehr wie in den vergangenen Monaten, und ich bin nun zu einem Schluß gelangt: Wenn alle *Upanishaden* und anderen Schriften ganz plötzlich zu Asche würden und nur der erste Vers der *Ishopanishad* im Gedächtnis der Hindus verbliebe, würde der Hinduismus dennoch für alle Zeit fortleben.

Der Mantra zerfällt in vier Zeilen. Die erste lautet: »Īśāvāsyam idam sarva yatkincha jagatyām jagat«. In meiner Übersetzung: »Alles, was wir in diesem großen Universum sehen, ist von Gott durchdrungen.« Die zweite und dritte Zeile fasse ich zusammen als »Tena tyaktena bhumjīthāh« und übersetze: »Verzichte und erfreue dich daran.« Es gibt eine andere Auslegung, die jedoch das gleiche bedeutet: »Erfreue dich an dem, was Er dir gibt.« Nun folgt die letzte und wichtigste Zeile: »Mā grdhah kasya spiddhanam« – »Trachte nicht nach Reichtum und Besitz von anderen.« Alle übrigen Verse dieser alten *Upanishade* sind entweder Kommentar oder der Versuch, uns die volle Bedeutung des ersten Mantras zugänglich zu machen. Lese ich diesen Mantra im Licht der *Gita* oder die *Gita* im Licht des Mantras, stelle ich fest, daß auch die *Gita* ein Kommentar zu diesem Mantra ist. Mir scheint, er erfüllt alle Wünsche der Sozialisten und Kommunisten, der Philosophen und Ökonomen. Ich erlaube mir, allen, die nicht dem hinduistischen Bekenntnis angehören, zu versichern, daß er auch ihre Sehnsüchte befriedigen wird. Und wenn er die Wahrheit ist – und dafür halte ich es –, hat im Hinduismus nichts mehr Gültigkeit, was diesem Mantra zuwiderläuft oder widerspricht. Was kann der Mann auf der Straße mehr erfahren wollen, als daß ein Gott und Schöpfer und Herr aller Lebewesen das Universum erfüllt? Die drei übrigen Zeilen des Mantras folgen unmittelbar aus der ersten. Aus dem Glauben an die seine gesamte Schöpfung durchdringende Kraft Gottes folgt, daß der Mensch sich an nichts erfreuen kann, das nicht von Ihm gegeben wird. Und wenn man begreift, daß Er der Schöpfer Seiner zahllosen Kinder ist, ist es unmöglich, den Besitz von anderen zu begehren. Und zählt man sich zu Seinen zahllosen Kinder, geziemt es sich, auf alles zu verzichten und es Ihm zu Füßen zu legen. Somit ist der Akt des Verzichts kein rein physischer, sondern stellt eine zweite oder neue Geburt dar. Er ist eine vorsätzliche Tat, die nicht in Unwissenheit vollzogen wird. Daher bedeutet Verzicht eine Erneuerung. Und da, wer einen Leib besitzt, essen, trinken und sich kleiden muß, muß er natürlich alles, was er braucht, von

Ihm erbitten. Und er erhält es als natürliche Belohnung für seinen Verzicht. So schließt der Mantra mit dem großartigen Gedanken: »Trachtet nicht nach dem Besitz von anderen.« Sobald ihr diese Gebote einhaltet, werdet ihr zu weisen Bewohnern dieser Welt und in Frieden mit allen Lebewesen leben. Der Mantra erfüllt alle Erwartungen auf dieser Erde und über sie hinaus.

Bei einer anderen Zusammenkunft bezeichnete Gandhi den Mantra als den Goldenen Schlüssel zur Lösung aller Nöte und Zweifel, die das Herz befallen können:

Merkt euch diesen einen Vers der *Ishopanishad*, und vergeßt alle anderen Schriften. Natürlich könnt ihr euch auch in den Ozean der Schriften stürzen und darin ertrinken. Sie sind gut für die Gelehrten, wenn sie demütig und weise sind, aber der gewöhnliche Mann auf der Straße braucht nichts als diesen einen Mantra, um den Ozean zu überqueren:

»Gott, der Herrscher, durchdringt alles, was da ist, in diesem Universum. Daher verzichtet auf alles und bringt es Ihm freudig dar, und verwendet den Teil, der euch zufällt. Trachtet nicht nach dem Besitz von anderen.«

Harijan, 30. Januar 1937

17 · Die Rede von Haripad

(Vollständiger Text der Rede,
die Gandhi am Haripad in Travancore
am 17. Januar 1937 hielt.)

Bei dieser Versammlung würde ich mich gerne ein paar Minuten der hinduistischen Botschaft widmen, die ich gestern der Versammlung in Quilon überbracht habe. Ich erläuterte, daß der gesamte Hinduismus im ersten Vers der *Ishopanishad* zusammenfaßt ist.

> Īśāvāsyam idam sarva yatkincha jagatyām jagat
> tena tyaktena bhumjīthāh mā grdhah kasya
> spiddhanam

Diejenigen, die etwas Sanskrit können, werden feststellen, daß hier nichts schwerverständlich ist, wie es bei anderen vedischen Mantras vorkommt. Die Bedeutung ist einfach folgende: »Alles, was in diesem Universum ist, groß oder klein, einschließlich des winzigsten Atoms, ist von Gott durchdrungen, den wir unseren Schöpfer oder Herrn nennen.« »Īsha« bedeutet Herrscher, und Er, der der Schöpfer ist, wird natürlich auch zum rechtmäßigen Herrscher. Hier in diesem Vers hat der Seher kein anderes Prädikat für die Gottheit gewählt als das des Herrschers, dessen Gerichtsbarkeit alles unterliegt. Alles was wir sehen, sagt er, ist von der Gottheit durchdrungen, woraus naturgemäß die anderen Teile des Mantras folgen. »Verzichte auf alles.« Das heißt, auf alles, was zu diesem Universum gehört, und nicht nur zu unserem winzigen Globus. Verzichte darauf. Er fordert uns zum Verzicht auf, weil wir so unbedeutende Atome sind, daß jede Vorstellung von Besitz, die wir haben könnten, lächerlich erscheint. Und dann sagt der Rishi: Der Lohn für den Verzicht ist bhumjīthāh, das heißt, euch aller Dinge zu erfreuen, die ihr braucht. Doch das Wort, das hier mit »sich erfreuen« oder »Genuß« übersetzt wird, kann auch mit »verwenden«, »essen« usw. wiedergegeben werden. Es bedeutet auch, daß ihr nicht mehr nehmen dürft, als für euer Wachstum nötig ist. Dieser Genuß oder Gebrauch hängt also von zwei Bedingungen ab. Eine ist der Akt des Verzichts oder, wie der Autor des *Bhagavata* sagen würde, die Freude daran, alles Gott zu darzubringen. Allmorgendlich muß jeder, der an den *Bhagavata*-Dharma glaubt, seine Gedanken, Worte und Werke Krishna weihen, und ehe er diesen täglichen Akt des Verzichts und der Hingabe nicht vollzogen hat, hat er nicht das Recht, Nahrung zu sich zu nehmen oder einen Becher Wasser zu trinken. Erst durch diesen Akt des Verzichts und der Hingabe erhält ein Mensch das Recht zu essen, zu trinken, sich zu kleiden und in einem Haus zu wohnen, soweit es für sein tägliches Leben notwendig ist. Versteht es somit entweder in dem Sinne, daß Genuß oder Gebrauch der Lohn des Verzichts ist oder daß der Verzicht die Bedingung für den Genuß ist – der Verzicht ist das Wesentliche für unsere Existenz an sich, für unsere Seele. Und sollte diese Bedingung noch unvollständig sein, beeilt der Rishi sich, den Mantra durch einen Zusatz zu vervollständigen: »Trachte nicht nach dem, was anderen gehört.« Nun behaupte ich, daß alle Philosophie und

Religion in jedem Teil der Welt in diesem Mantra enthalten sind und er alles dieser Aussage Widersprechende ausschließt. Den kanonischen Deutungen zufolge ist alles, was Shruti, der Offenbarung, widerstrebt – und *Ishopanishad* ist Shruti – ganz und gar abzulehnen.

Gereinigte Tempel

Als nächstes möchte ich diesen Mantra auf gegenwärtige Zustände anwenden. Wenn alles im Universum von Gott durchdrungen ist, das heißt, wenn der Brahmane und der Bhangi, der Gelehrte und der Straßenfeger, der Ezhava und der Paria, ganz gleich welche Kaste – wenn sie alle von Gott, dem Herrn, durchdrungen sind, ist im Lichte dieses Mantras keiner höher oder tiefer gestellt, alle sind absolut gleich, gleich, weil sie alle Geschöpfe des einen Schöpfers sind. Dies ist keine Philosophie, die man Brahmanen und Kshatriyas auftischt, vielmehr drückt sie eine ewige Wahrheit aus, die weder Einschränkung noch Abschwächung gestattet. Somit sind der Maharaja und die Maharani dem niedrigsten Wesen in Travancore um keinen Deut überlegen. Wir alle sind Geschöpfe und Diener eines Gottes. Wenn der Maharaja der erste unter Gleichen ist, ist er es nicht durch ein Recht auf Oberherrschaft, sondern durch das Recht zu dienen. Und wie schön, wie edel ist es doch, daß jeder Maharaja Padmanabhadas, Diener Vishnus, des allumfassenden Gottes, genannt wird! Wenn ich euch also sage, daß der Maharaja oder die Maharani keinem von uns einen Deut überlegen sind, teile ich euch eine Wahrheit mit, die Ihre Hoheiten selbst anerkennen. Wer könnte sich also anmaßen, anderen Menschen überlegen zu sein? Ich sage euch also, wenn dieser Mantra Gültigkeit besitzt und wenn es irgendeinen Mann oder eine Frau hier gibt, die glauben, daß unsere Tempel von jenen, die man Avarnas – Kastenlose – nennt, beschmutzt werden, macht sich diese Person einer schweren Sünde schuldig. Ich erkläre euch, daß die Proklamation, die ihnen den Zutritt zu allen Tempeln gewährt, diese von einem großen Makel gereinigt hat.

Ich wünsche mir, daß all unsere Männer, Frauen und Kinder den von mir zitierten Mantra in ihren Herzen bewahren, und wenn er, wie ich meine, das Wesen des Hinduismus birgt, sollte er an die Tore aller Tempel geschrieben werden. Glaubt ihr nicht, daß wir diesen Mantra bei jedem Schritt verleugnen, wenn wir Menschen aus unseren Tempeln ausschließen? Wollt ihr euch also der gerechten Proklamation würdig erweisen und loyal zu euch selbst und jenen sein, die über euer Schicksal herrschen, werdet ihr ihrem Wort und Geist gehorchen. Vom Tage der Proklamation an werden die Tempel von Travancore, die nach meinen Worten keine Heimstatt Gottes waren, nun zu Wohnungen Gottes werden, da keinem bisher Unberührbaren mehr der Zugang zu ihnen versperrt sein wird. So hoffe und bete ich, daß sich in ganz Travancore kein Mann und keine Frau des Tempelbesuchs enthalten wird, weil die Tempel nun auch jenen geöffnet sind, die als Parias der Gesellschaft galten.

Harijan, 30. Januar 1937

18 · Aus der Rede in Kottayam

Der Mantra beschreibt Gott als den Schöpfer, den Herrscher und Herrn. Der Seher, dem dieser Vers offenbart wurde, war mit der großartigen Aussage, daß Gott überall zu finden sei, nicht zufrieden. Er ging noch weiter, indem er sagte: »Da Gott alles durchdringt, gehört euch nichts, nicht einmal euer eigener Leib. Gott ist der unbestrittene, unanfechtbare Herr von allem, was ihr besitzt.« Wenn also ein Mensch, der sich als Hindu bezeichnet, den Prozeß der Erneuerung oder einer zweiten Geburt durchläuft, muß er Verzicht an allem üben, was er in seiner Unwissenheit als sein Eigentum bezeichnet hat. Und wenn er diesen Verzicht geleistet hat, wird ihm erklärt, daß er seinen Lohn erhalten wird: Gott wird für alles sorgen, was er an Speise, Kleidung oder Wohnung benötigt. Deshalb ist die Bedingung für den Genuß oder den Gebrauch der lebensnotwendigen Dinge der Verzicht auf sie. Und dieser Verzicht muß Tag um Tag geleistet werden, damit wir in dieser geschäftigen Welt den Mittelpunkt nicht vergessen. Und um alles zu krönen, sagt der Seher: »Begehrt niemandes Reichtümer.« Ich sage euch, daß die in diesem kurzen Mantra enthaltene Wahrheit dazu geeignet ist, die höchsten Sehnsüchte jedes Menschen zu befriedigen – ob sie auf diese Welt oder auf die nächste gerichtet sind. Bei meiner Suche in den heiligen Schriften der Welt habe ich nichts gefunden, was diesem Mantra hinzuzufügen wäre. Blicke ich auf die wenigen Schriften zurück, die ich gelesen habe – und ich muß gestehen, es sind wirklich wenige –, kommt es mir vor, als rühre all das, was in diesen Schriften gut ist, von diesem Mantra her. Allumfassende Brüderlichkeit – nicht nur Brüderlichkeit zwischen Menschen, sondern allen Lebewesen – finde ich in diesem Mantra. Oder unerschütterliches Vertrauen zu Gott, dem Herrn – und alles Erdenkliche, was dazugehört –, finde ich in diesem Mantra. Oder die Idee völliger Hingabe an Gott und die Überzeugung, daß Er mich mit allem versorgt, was ich brauche – ich finde sie in diesem Mantra. Aus dem Wissen, daß Er jede Faser meines und eures Seins erfüllt, leite ich den Grundsatz von der Gleichheit aller Geschöpfe auf der Erde ab. Eigentlich müßte es die Sehnsucht aller philosophischen Kommunisten befriedigen. Dieser Mantra sagt mir, daß ich nichts, was Gott gehört, als meines beanspruchen kann, und wenn mein Leben und das aller, die an diesen Mantra glauben, ein Leben vollkommener Hingabe sein muß, so muß es folglich auch dem unermüdlichen Dienst an unseren Mitgeschöpfen gewidmet sein.

Dies, so sage ich euch, ist mein Glaube und sollte der Glaube aller sein, die sich Hindus nennen. Und ich erlaube mir, meine christlichen und muslimischen Freunde darauf hinzuweisen, daß sie in ihren eigenen Schriften nichts anderes finden werden.

Ich weiß um die vielen abergläubischen Vorstellungen, die im Namen des Hinduismus herrschen. Ich bin mir des Aberglaubens in der Maske des Hinduismus schmerzlichst bewußt und scheue mich nicht, dies beim Namen zu nennen. Ebensowenig zögere ich, die Unberührbarkeit als den größten Aberglauben von allen zu bezeichnen. Trotz allem bleibe ich Hindu. Denn ich halte diesen Aberglauben nicht für einen Teil des Hinduismus. Gerade die festgelegten kanonischen Deutungen im Hinduismus lehren mich, daß alles, was unvereinbar mit der Wahrheit des bewußten Mantras ist, insgesamt als nicht zum Hinduismus gehörig abzulehnen ist.

Harijan, 30. Januar 1937

19 · Yajna oder das Opfer

Yajna meint eine Tat, die zum Wohle anderer geschieht ohne das Verlangen, dafür eine Gegenleistung oder Belohnung, sei es vergänglicher oder ideeller Natur, zu erhalten. Der Begriff der »Tat« ist hier im weitesten Sinne zu verstehen und schließt Gedanken, Worte und Werke ein. »Andere« bezieht sich nicht nur auf die Menschheit, sondern auf alles Leben. Daher, und auch vom Standpunkt der Ahimsa, ist es nicht Yajna, niedere Tiere zu opfern, nicht einmal, um der Menschheit einen Dienst zu erweisen. Es spielt keine Rolle, daß Tieropfer einen Platz in den *Veden* einnehmen. Uns genügt es, daß solche Opfer der grundlegenden Prüfung auf Wahrheit und Gewaltlosigkeit nicht standhalten. Bereitwillig gestehe ich meinen Mangel an vedischer Gelehrsamkeit ein. Allerdings bereitet mir meine Unzulänglichkeit in diesem Zusammenhang keine Sorge, denn selbst wenn die Sitte des Tieropfers als Merkmal der vedischen Gesellschaft erwiesen wäre, kann dies für einen Anhänger der Ahimsa keine Maßgabe sein.

Noch einmal: Ein primäres Opfer muß eine Tat sein, die zum größtmöglichen Wohl einer größtmöglichen Anzahl von Lebewesen auf größtmöglichem Raum beiträgt und von einer möglichst großen Zahl von Männern und Frauen mit möglichst geringer Schwierigkeit vollbracht werden kann. Daher kann Yajna und noch weniger Mahayajna darin bestehen, einem Wesen etwas Übles zu wünschen oder zuzufügen, nicht einmal, um einem sogenannten höheren Zweck zu dienen. Die *Gita* lehrt, so wie die Erfahrung bezeugt, daß jede Tat, die nicht in die Kategorie von Yajna fällt, also nicht interesseloses Opfer ist, Abhängigkeiten fördert.

In diesem Sinne kann die Welt nicht einen Augenblick ohne Yajna existieren, und daher nimmt sich die *Gita*, nachdem sie sich im zweiten Kapitel mit wahrer Weisheit beschäftigt hat, im dritten der Mittel zu ihrer Erlangung an und erklärt ausdrücklich, daß Yajna zugleich mit der Schöpfung selbst entstand. [»*Als zusammen mit den Opfern er die Wesen schuf* / sprach einst Prajapati: durch dieses sollt ihr euch fortpflanzen / dies soll der Spender der von euch erbetenen Wünsche sein.« A. d. Ü.]* Demnach ist dieser Leib uns nur gegeben, damit wir ihn in den Dienst der gesamten Schöpfung stellen. Und deshalb, so heißt es in der *Gita*, ißt der, der ohne Yajna – ohne Opfer – ißt, gestohlene Speise. Jede einzelne Tat eines Menschen, der ein reines Leben führt, sollte das Wesen von Yajna haben. Da Yajna mit unserer Geburt auf uns gekommen ist, bleiben wir unser ganzes Leben lang Schuldner und müssen auf immer dem Universum dienen. Und geradeso wie ein Leibeigener Nahrung, Kleidung und alles Weitere von dem Herrn erhält, dem er dient, sollten wir die Geschenke, die uns der Herr des Universums zuteilt, dankbar annehmen. Was wir erhalten, ist ein Geschenk; denn als Schuldner haben wir kein Recht auf die Befreiung von unseren Verpflichtungen. Daher dürfen wir dem Herrn nicht die Schuld geben, wenn wir keine Befreiung erlangen. Unser Leib ist der Seine, Er kann ihn umsorgen oder fortwer-

* Deutsch zit. n. *Die Bhagavadgita*, aus dem Sanskrit übersetzt und herausgegeben von Klaus Mylius, München 1997, Dritter Gesang, 10; S. 39. Hervorhebung der Übersetzerin.

fen, ganz nach Seinem Willen. Deshalb brauchen wir uns jedoch nicht zu beklagen oder zu bemitleiden; im Gegenteil, dies ist ein natürlicher und sogar angenehmer Zustand, wenn wir nur unseren angemessenen Platz in Gottes Plan erkennen. Wir brauchen nicht einmal einen starken Glauben, um diese höchste Wonne zu erfahren. »Sorgt euch nicht im geringsten um euch selbst, überlaßt alle Sorge Gott« – lautet in allen Religionen das Gebot.

Deshalb muß sich niemand ängstigen. Wer sich dem Dienst mit reinem Gewissen hingibt, wird dessen Notwendigkeit Tag für Tag besser begreifen und unablässig reicher im Glauben werden.

Der Weg des Dienens kann kaum von einem beschritten werden, der nicht bereit ist, auf seine Eigeninteressen zu verzichten und die Bedingungen seiner Geburt anzuerkennen. Bewußt oder unbewußt leistet jeder von uns irgendeinen Dienst. Wenn wir die Gewohnheit pflegen, diesen Dienst mit Vorbedacht zu tun, wird unser Wille zu dienen ständig wachsen und nicht nur zu unserem eigenen Heil führen, sondern zu dem der ganzen Welt.

Noch einmal: Nicht nur die Guten, sondern wir alle müssen unsere Mittel der Menschheit zur Verfügung stellen. Und nach diesem Gesetz hat die Zügellosigkeit keinen Platz mehr im Leben und weicht dem Verzicht. Die Pflicht zum Verzicht unterscheidet den Menschen vom Tier. Einige widersprechen und behaupten, ein so verstandenes Leben wäre öde und ohne jede Kunst, ließe keinen Raum für den Haushälter, das heißt für ein tätiges Leben in der Familie. Doch Verzicht bedeutet hier nicht, der Welt zu entsagen und sich in eine Waldeinsiedelei zurückzuziehen. Der Geist des Verzichts sollte alle Tätigkeiten des Lebens beherrschen. Ein Haushälter hört nicht auf einer zu sein, wenn er sein Leben als Pflicht statt als Vergnügung betrachtet. Einem Kaufmann, der im Geiste der Aufopferung wirkt, gehen zwar Millionen durch die Hände, aber wenn er das Gesetz befolgt, wird er seine Fähigkeiten dienend einsetzen. Er wird nicht spekulieren oder betrügen, sondern ein einfaches Leben führen und lieber Millionen verlieren, als einer lebenden Seele weh zu tun. Niemand soll glauben, solche Geschäftsleute existierten nur in meiner Phantasie. Zum Glück für die Welt gibt es sie, und zwar im Westen wie im Osten. Es stimmt, daß man sie an den Fingern einer Hand abzählen kann, aber ein Typus ist nicht mehr fiktiv, sobald nur ein einziges lebendes Exemplar existiert und ihn belegt. Zweifellos verdient der Opferbereite seinen Lebensunterhalt mit seiner Arbeit. Aber dieser Lebensunterhalt ist nicht das Ziel, sondern nur ein Nebenprodukt seiner Berufung. Ein Leben voller Opfer ist der Gipfel der Kunst und erfüllt von wahrer Freude. Yajna ist nicht Yajna, wenn man das Opfer als Last oder Ärgernis empfindet. Zügellosigkeit führt zu Zerstörung, Verzicht dagegen zu Unsterblichkeit. Freude verfügt über keine unabhängige Existenz. Es hängt von unserer Einstellung zum Leben ab. Der eine erfreut sich an Szenen im Theater, der andere an der ewig neuen Szenerie, die sich am Himmel entfaltet. Freude ist mithin eine Angelegenheit individueller und nationaler Erziehung. Wir genießen die Dinge, die man uns als Kinder zu genießen gelehrt hat, und für die Verschiedenartigkeit nationaler Geschmäcker ließen sich zahlreiche Beispiele anführen.

Andererseits leben viele Opferbereite in dem Wahn, es stünde ihnen zu, alles, was sie brauchen, und auch vieles, was sie nicht brauchen, von anderen Menschen zu erhalten, da sie uneigennützige Dienste leisten. Diese Einstellung kann einen Menschen so beherrschen, daß er aufhört, ein Diener zu sein und zum Tyrannen über andere wird.

Wer dient, wird keinen Gedanken an seine eigene Bequemlichkeit verschwenden, sondern überläßt es seinem Herrn hoch oben, für ihn zu sorgen oder ihn zu vernachlässigen. Daher wird er sich nicht mit allem belasten, was ihm in den Weg kommt; er wird nur nehmen, was er dringend braucht, und alles übrige zurücklassen. Er ist ruhig, frei von Zorn und ungetrübten Sinnes, selbst wenn er sich in einer unangenehmen Lage befindet. Sein Dienst ist, wie die Tugend, sein eigner Lohn, und er ist damit zufrieden.

Noch einmal: Man wage es nicht, den Dienst zu vernachlässigen oder zu verschleppen. Wer da glaubt, man müsse nur eigene Geschäfte mit Sorgfalt betreiben und könne öffentliche Aufgaben nach Belieben irgendwie und irgendwann erledigen, hat noch die einfachsten Grundregeln der Opferwissenschaft zu lernen. Freiwillige Dienste an anderen erfordern das Beste, dessen man fähig ist, und haben Vorrang vor dem Dienst an sich selbst. Genauer gesagt, der reine Jünger verschreibt sich dem Dienst an der Menschheit ohne jeden Vorbehalt.

Vom Yeravda-Mandir, Kapitel XIV-XV

20 · Brahmane oder Nicht-Brahmane

Was wir heute sehen, ist kein reiner Hinduismus, sondern häufig eine Parodie desselben. Andernfalls benötigte er keine Fürsprache, sondern würde für sich selbst sprechen; ebenso wie ich nicht zu euch sprechen müßte, wenn ich absolut rein wäre. Gott spricht nicht mit Seiner Zunge, und der Mensch wird in dem Maße Gott gleich, in dem er sich ihm nähert. Der Hinduismus lehrt mich, daß mein Leib die Macht der Seele in ihm eingrenzt.

Ebenso wie man im Westen erstaunliche materielle Entdeckungen gemacht hat, hat der Hinduismus noch wunderbarere Entdeckungen auf dem Gebiet der Religion, des Geistes, der Seele gemacht. Aber wir haben keinen Blick für diese großen und edlen Entdeckungen. Wir sind geblendet vom materiellen Fortschritt der westlichen Wissenschaft. Ich bin nicht angetan von diesem Fortschritt. Mir will es sogar fast scheinen, als hätte Gott in seiner Weisheit Indien vor diesem Fortschritt bewahrt, damit es seine besondere Aufgabe, nämlich dem Ansturm des Materialismus zu widerstehen, erfüllen kann. Immerhin besitzt der Hinduismus etwas, das ihn bis heute am Leben erhalten hat. Er hat den Fall der babylonischen, der syrischen, der persischen und der ägyptischen Kultur gesehen. Schaut euch um! Wo sind Griechenland und Rom? Findet man heute noch irgendwo etwas von Gibbons Italien oder besser gesagt vom antiken Rom – denn Rom war Italien? Geht nach Griechenland. Wo ist die weltberühmte attische Kultur? Und dann kommt nach Indien, lest die ältesten Aufzeichnungen und schaut euch um. Ihr werdet zugeben müssen: »Ja, wir sehen, daß das alte Indien noch am Leben ist.« Es ist wahr, hier und da liegen ein paar Haufen Dung, aber darunter sind reiche Schätze begraben. Überlebt hat es aus einem Grund: Der materielle Fortschritt war nie Ziel des Hinduismus, sondern stets der spirituelle.

Der Hinduismus hat viel zum spirituellen Fortschritt beigetragen, doch die Idee der Gleichheit von Mensch und stummer Kreatur ist einzigartig. Für mich ist die Verehrung der Kuh eine große Idee, die sich ausweiten läßt. Auch daß der Hinduismus frei vom modernen Bekehrungsdrang ist, erscheint mir wertvoll. Er braucht keine Predigten. Er sagt: »Lebt das Leben.« Es ist meine Aufgabe und eure, das Leben zu leben. Auf diese Weise hinterlassen wir dauerhaft unseren Einfluß. Der Hinduismus hat auch seinen Beitrag für den Menschen geleistet: Ramanuja, Chaitanya, Ramakrishna, gar nicht zu reden von den neuzeitlichen Namen, die ihn geprägt haben. Die Kraft des Hinduismus ist keinesfalls aufgebraucht. Er ist keine tote Religion.

Ein weiterer einzigartiger Beitrag sind die Vier Ashramas. Auf der ganzen Welt gibt es nichts Vergleichbares. Die Katholiken haben die zölibatären Orden, vergleichbar den Brahmacharis, sie sind jedoch keine allgemeine Institution, während in Indien jeder Junge den ersten Ashrama durchläuft. Was für ein großartiges Konzept dies einmal war! Heute sind unsere Augen schmutzig, unsere Gedanken noch schmutziger und unsere Körper am schmutzigsten, weil wir den Hinduismus verleugnen.

Noch etwas habe ich nicht erwähnt. Max Müller sagte vor vierzig Jahren, in Europa dämmere die Erkenntnis herauf, daß die Seelenwanderung nicht nur eine Theorie sei, sondern eine Tatsache. Nun, auch dies ist ganz und gar ein Beitrag des Hinduismus.

Heutzutage werden Varna-Ashrama-Dharma und Hinduismus von ihren Anhängern verzerrt und verleugnet. Das Gegenmittel ist nicht Zerstörung, sondern Korrektur. Laßt uns den wahren Geist des Hinduismus in uns regenerieren und erst dann fragen, ob er die Seele erfüllt oder nicht.

Young India, 24. November 1927

21 · Gott und die Politik

Für mich ist Gott die Wahrheit und die Liebe. Gott ist Ethik und Moral. Gott ist Furchtlosigkeit. Gott ist die Quelle des Lichts und des Lebens, und doch steht Er über und jenseits von allem. Gott ist das Gewissen. Er ist sogar der Atheismus der Atheisten. Denn in Seiner grenzenlosen Gnade gestattet Gott ihnen zu leben. Er ist der Sucher der Herzen. Er reicht über Sprache und Vernunft hinaus. Er kennt uns und unsere Herzen besser als wir selbst. Er nimmt uns nicht beim Wort, denn Er weiß, daß wir vieles, was wir sagen, nicht so meinen. Einige tun dies wissentlich, andere unwissentlich. Denen, die seiner persönlichen Gegenwart bedürfen, ist Er ein persönlicher Gott. Für jene, die Seine Berührung brauchen, nimmt er Gestalt an. Er ist das reinste Wesen. Für die, die an ihn glauben, *ist* er einfach. Er ist alles für alle Menschen. Er ist in uns und doch über uns und jenseits von uns. Man kann das Wort »Gott« aus der Politik verbannen, aber man hat nicht die Macht, die Sache selbst zu verbannen. Was anderes ist eine ernsthafte Bestätigung, als im Namen Gottes zu sprechen? Und natürlich ist das Gewissen nichts anderes als eine ärmliche und gesuchte Umschreibung für die einfache Kombination der vier Buchstaben G–o–t–t. Er kann nicht aufhören zu sein, obwohl abscheuliche Unzucht oder unmenschliche Grausamkeit in Seinem Namen begangen werden. Er ist langmütig. Er ist geduldig, aber Er ist auch fürchterlich. Er stellt die höchsten Ansprüche in dieser und der kommenden Welt. Er mißt uns mit dem gleichen Maß, mit dem wir unsere Nächsten messen – Menschen und Tiere. Für Ihn ist Unwissenheit keine Entschuldigung. Und doch ist er alles verzeihend, denn Er gibt uns stets Gelegenheit zur Reue. Er ist der größte Demokrat, den die Welt kennt, denn er stellt es uns »frei«, zwischen Böse und Gut zu wählen. Er ist der größte bekannte Tyrann, denn oft reißt Er uns den Becher von den Lippen, läßt uns bei angeblich freiem Willen nur den kleinsten Spielraum und belustigt sich so auf unsere Kosten. Deshalb nennt der Hinduismus alles Sein Spiel – Lila – oder Illusion – Maya. Wir sind nicht, nur Er allein Ist. Und um zu sein, müssen wir für alle Ewigkeit Sein Lob singen und Seinem Willen gehorchen. Laßt uns nach Seiner Flöte tanzen, und alles wird gut werden.

Young India, 5. März 1925

22 · Advaitismus und Gott

Als Antwort auf die Frage eines Freundes schrieb Gandhi:

Ich bin Anhänger des Advaita und kann dennoch die Philosophie des Dvaita (Dualismus) unterstützen. Die Welt ändert sich alle Augenblicke, ist daher irreal und ohne dauerhafte Existenz. Doch ungeachtet ihres unablässigen Wandels hat sie etwas Beständiges und ist deshalb bis zu diesem Grade real. So habe ich nichts einzuwenden, sie zugleich real und irreal zu nennen und sie als Anekantavadi oder Syadvadi zu bezeichnen. Doch mein Syadvada ist nicht der Syadvada der Gelehrten. Ich deute ihn auf meine ganz persönliche Art und könnte mich auf keine Debatte mit ihnen einlassen. Es ist meine Erfahrung, daß ich aus meiner Sicht recht habe und aus der Sicht meiner aufrichtigen Kritiker eben nicht. Mir ist klar, daß wir unseren jeweiligen Standpunkten entsprechend beide recht haben. Und dieses Wissen bewahrt mich davor, meinen Gegnern oder Kritikern unlautere Motive zu unterstellen. Die sieben Blinden, die sieben verschiedene Beschreibungen eines Elefanten liefern, haben von ihrer jeweiligen Warte aus alle recht und aus der Sicht der anderen unrecht. Aus der Sicht des Mannes, der den Elefanten kannte, haben sie zugleich recht und unrecht. Dieses Gleichnis über die Vielgestaltigkeit von Wirklichkeit gefällt mir sehr. Es hat mich gelehrt, einen Muslim nach seinem Standpunkt und einen Christen nach dem seinem zu beurteilen. Früher ärgerte ich mich über den Unverstand meiner Gegner. Heute kann ich sie lieben, weil ich die Gabe besitze, mich selbst mit den Augen der anderen zu sehen und ihren Blickwinkel zu verstehen. Ich will die ganze Welt in meine liebevolle Umarmung einschließen. Mein Anekantavada ist das Ergebnis der Zwillingsdoktrin von Satya und Ahimsa.

Ich spreche von Gott so, wie ich glaube, daß Er ist. Ich halte ihn für schöpferisch und unschöpferisch zugleich. Mit Hilfe des jainistischen Standpunkts beweise ich den unschöpferischen Aspekt Gottes und mit Hilfe von Ramanuja den schöpferischen. Genau gesagt, in dem Wunsch, das Unbekannte zu erkennen, denken wir alle das Undenkbare und beschreiben das Unbeschreibliche. Daran scheitert unsere Sprache, ist inadäquat und häufig sogar widersprüchlich. Deshalb beschreiben die *Veden* das Brahman als »nicht dies, nicht dies«. Aber wenn Er oder Es nicht dies sein kann, so *ist* Er oder Es. Wenn wir existieren, wie unsere Eltern und ihre Eltern existiert haben, dann bietet es sich an, an einen Urheber der ganzen Schöpfung zu glauben. Wenn Er nicht ist, sind auch wir nirgendwo. Und aus diesem Grund geben wir dem einen Gott unendlich viele verschiedene Namen wie Paramatman, Ishvara, Shiva, Vishnu, Rama, Allah, Khuda, Ahura Mazda, Jehova, Gott und so fort. Er ist einer und doch viele; Er ist kleiner als ein Atom und größer als der Himalaja. Er ist im kleinsten Tropfen des Ozeans enthalten, und dennoch können die Sieben Meere ihn nicht umfassen. Die Vernunft hat nicht die Macht, Ihn zu erkennen. Er ist außerhalb ihrer Reichweite oder des verstandesmäßigen Zugriffs. Doch ich muß mich nicht wiederholen. In diesen Dingen ist der Glaube das Wesentliche. Mit meinem Verstand vermag ich unzählige Hypothesen zu erstellen und wieder einzureißen. In einer Debatte würde mich ein Atheist vielleicht schlagen. Aber mein Glaube überholt meine Vernunft, so daß ich die gesamte Welt herausfordern und sagen kann: »Gott war, ist und wird immer sein.«

Naturlich haben diejenigen, die seine Existenz leugnen wollen, die Freiheit, dies zu tun. Er ist gütig und barmherzig. Er ist kein irdischer König, der ein Heer braucht, um uns Seine Herrschaft aufzuzwingen. Er läßt uns die Freiheit, und doch befiehlt uns Seine Barmherzigkeit, Seinem Willen zu gehorchen. Und wenn einer von uns sich seinem Willen nicht beugen will, sagt Er: »So sei es. Meine Sonne wird nicht weniger für dich scheinen, meine Wolken werden nicht weniger für dich regnen. Ich muß dich nicht zwingen, meine Herrschaft anzuerkennen.« Laßt die Unwissenden die Existenz eines solchen Gottes anzweifeln. Ich bin einer der Millionen von Weisen, die an Ihn glauben, und werde mich nimmermüde vor Ihm verneigen und Seine Herrlichkeit verkünden.

Young India, 21. Januar 1926

23 · Gott Ist

Es gibt eine undefinierbare Macht, die alles durchdringt. Ich fühle sie, wenngleich ich sie nicht sehe. Es ist diese unsichtbare Macht, die sich selbst spürbar macht und dennoch jeder Beweisführung widersteht, weil sie so anders als alles ist, was ich sinnlich wahrnehme. Sie reicht weit über meine Sinne hinaus.

Es ist unmöglich, die Existenz Gottes auch nur in begrenztem Maße zu ergründen. Schon unter alltäglichen Umständen wissen die Menschen häufig nicht, wer sie regiert oder warum und wie, obwohl sie ganz sicher sind, daß es eine herrschende Macht gibt. Auf meiner Reise durch Mysore im letzten Jahr begegnete ich vielen armen Bauern und fand durch Nachfragen heraus, daß sie nicht wußten, wer in Mysore regiert. Sie sagten einfach, irgendein Gott herrsche. Wenn die Kenntnis dieser armen Leute über ihren Herrscher so begrenzt ist, dann darf ich, der so viel geringer ist als Gott, als sie und als ihr Herrscher, mich nicht wundern, wenn ich die Gegenwart Gottes, des Königs der Könige, nicht erkenne. Doch ebenso wie die armen Dörfler in Mysore spüre ich, daß es eine Ordnung im Universum gibt, ein unwandelbares Gesetz, das alle Geschicke und Wesen lenkt. Es ist kein blindes Gesetz, denn kein blindes Gesetz kann das Verhalten lebendiger Wesen lenken, und dank der wunderbaren Untersuchungen von Sir J. C. Bose ist bewiesen, daß selbst die Materie lebt. Das Gesetz, das alles Leben lenkt, ist Gott. Gesetz und Gesetzgeber sind eins. Ich darf das Gesetz und den Gesetzgeber nicht leugnen, nur weil ich so wenig über Es oder Ihn weiß. Ebensowenig wie die Ablehnung oder Unwissenheit gegenüber der Existenz einer irdischen Macht mir etwas nützt, würde eine Leugnung Gottes und Seines Gesetzes mich doch nicht von seiner Gültigkeit befreien. Die göttliche Autorität demütig und stumm anzuerkennen erleichtert dagegen die Reise des Lebens noch mehr als die Anerkennung eines irdischen Herrschers.

Intuitiv nehme ich wahr, daß alles, was um mich herum im Wandel begriffen ist und abstirbt, einer unveränderlichen lebendigen Macht unterworfen ist, die alles zusammenhält, die schafft, auflöst und wieder erschafft. Diese schöpferische Macht oder dieser Geist ist Gott. Nichts, was ich nur über meine Sinne wahrnehme, kann oder wird Bestand haben: Er allein Ist.

Ist diese Macht nun gut- oder böswillig? Ich sehe sie als gutwillig. Denn ich sehe auch, daß inmitten des Todes das Leben, inmitten der Unwahrheit die Wahrheit, inmitten der Dunkelheit das Licht besteht. Daraus schließe ich, daß Gott Leben, Wahrheit und Licht ist. Er ist Liebe. Er ist der Höchste Gott.

Doch Er ist kein Gott, der nur den Verstand befriedigt, wenn das überhaupt jemals geschieht. Um Gott zu sein, muß Gott das Herz regieren und es verwandeln, muß Sich in jeder noch so geringen Tat seines Jüngers offenbaren. Dies kann nur durch eine maßgebliche Erkenntnis geschehen, die realer ist, als die fünf Sinne sie je bewirken könnten. Sinneswahrnehmungen können falsch und trügerisch sein, so real sie uns erscheinen mögen. Wo es Erkenntnis außerhalb der Sinne gibt, ist sie unfehlbar. Sie zeigt sich nicht in Äußerlichkeiten, sondern im veränderten Verhalten und Charakter jener, die die wahre Gegenwart Gottes in ihrem Inneren gespürt haben.

Zeugnis davon geben die Erfahrungen einer nie abreißenden Reihe von Propheten und Weisen in allen Ländern und Regionen. Diese Beweise zu leugnen hieße für mich, mich selbst zu verleugnen.

Dieser Erkenntnis geht ein unerschütterlicher Glaube voraus. Wer die tatsächliche Existenz Gottes überprüfen möchte, kann dies durch einen lebendigen Glauben tun. Und da Glaube nicht durch äußere Beweise belegt werden kann, ist es der sicherste Weg, an eine moralische Lenkung der Welt zu glauben und damit an die Souveränität eines moralischen Gesetzes: des Gesetzes der Wahrheit und der Liebe. Der Glaube ist am sichersten zu praktizieren, wenn mit eindeutiger Entschlossenheit alles abgelehnt wird, was Wahrheit und Liebe entgegensteht.

Ich kann die Existenz des Bösen nicht mit rationalen Mitteln begründen. Dies tun zu wollen würde bedeuten, sich mit Gott auf eine Stufe zu stellen. So begnüge ich mich damit, das Böse als solches in aller Bescheidenheit anzuerkennen. Und ich nenne Gott langmütig und geduldig, gerade weil Er das Böse in der Welt zuläßt. Ich weiß, daß an Ihm nichts Böses ist. Er ist sein Urheber und dennoch unberührt davon.

Ich weiß auch, daß ich Gott niemals erkennen werde, wenn ich nicht unter Einsatz meines Lebens mit dem Bösen ringe. Meine eigene bescheidene und begrenzte Erfahrung bestärkt mich im Glauben. Je mehr ich nach Reinheit strebe, desto näher fühle ich mich Gott. Wieviel näher wäre ich ihm, wenn mein Glaube nicht so unzulänglich wäre wie heute, sondern unerschütterlich wie der Himalaja und weiß und gleißend wie der Schnee auf seinen Gipfeln? Bis dahin lade ich meinen Briefpartner dazu ein, mit Newman zu beten, der aus seiner eigenen Erfahrung heraus dichtete:

> Führe mich, du mildes Licht im Dunkel,
> das mich umgibt, führe mich hinan!
> Die Nacht ist finster,
> und ich bin fern der Heimat:
> Führe mich, du mildes Licht!
> Führe mich hinan!
> Leite meinen Fuß –
> Ich verlange nicht zu sehen
> die ferne Landschaft, nur ein Schritt ist genug.

24 · Brief aus Europa

Antwort auf eine Frage, die Gandhi bei einer Versammlung von Kriegsdienstgegnern in Lausanne gestellt wurde:

Sie fragten mich, warum ich glaube, daß Gott die Wahrheit ist. In meiner frühen Jugend lehrte man mich, die eintausend Namen Gottes aus den hinduistischen Schriften zu rezitieren. Doch die Aufzählung dieser eintausend Namen war keinesfalls eine vollständige. Wir glauben – und ich bin überzeugt, daß dies die Wahrheit ist –, daß Gott so viele Namen hat, wie es Geschöpfe gibt, und daher sagen wir auch, Gott sei namenlos, und da Gott so vielgestaltig ist, sehen wir Ihn auch als gestaltlos an, und da Er durch so viele Zungen zu uns spricht, nennen wir Ihn sprachlos und so fort. Am Anfang meiner Beschäftigung mit dem Islam fand ich heraus, daß auch er mehrere Namen für Gott kennt. Ich würde sagen, für die, die sagen, Gott sei die Liebe, ist Gott die Liebe. Doch tief in meinem Inneren sage ich mir, auch wenn Gott die Liebe ist, ist er vor allem die Wahrheit. Soweit es überhaupt möglich ist, Gott mittels menschlicher Sprache zu beschreiben, möchte ich sagen, daß Gott die Wahrheit ist. Vor zwei Jahren ging ich noch einen Schritt weiter, indem ich erklärte, die Wahrheit sei Gott. Sie werden den feinen Unterschied zwischen den beiden Aussagen bemerken: Gott ist die Wahrheit, und die Wahrheit ist Gott. Zu diesem Schluß bin ich auf meiner unablässigen und schonungslosen Suche nach der Wahrheit gelangt, die vor beinah fünfzig Jahren begann. Damals fand ich, daß die größte Annäherung an die Wahrheit durch die Liebe geschieht. Außerdem lernte ich, daß Liebe zumindest in der englischen Sprache viele Bedeutungen hat und menschliche Liebe im Sinne von Leidenschaft auch herabsetzend sein kann. Ebenfalls fand ich heraus, daß Liebe im Sinne von Ahimsa nur eine sehr begrenzte Anhängerschaft auf der Welt besitzt. In Zusammenhang mit der Wahrheit hingegen stieß ich nie auf Doppeldeutigkeiten. Nicht einmal Atheisten erheben Bedenken gegen die Notwendigkeit oder die Macht der Wahrheit, auch wenn sie in ihrem Eifer nicht davor zurückschrekken, die Existenz Gottes zu leugnen. Ich erinnere mich an Charles Bradlaugh, der sich mit Vorliebe einen Atheisten nannte, doch da ich ihn kenne, sehe ich in ihm keinesfalls einen Atheisten, sondern im Gegenteil sogar einen gottesfürchtigen Mann, obwohl ich weiß, daß er diese Bezeichnung von sich weisen würde. Er würde erröten, wenn ich sagte: »Herr Bradlaugh, Sie sind ein Mann der Wahrheit und damit ein Gottesfürchtiger.« Ich würde ihn und seinen Einspruch automatisch entwaffnen, indem ich sagte, daß Wahrheit Gott ist, ebenso wie ich viele kritische junge Männer entwaffnet habe. Allerdings kommt hier die große Schwierigkeit ins Spiel, daß Millionen im Namen Gottes unbeschreibliche Greueltaten begangen haben. Was nicht heißen will, daß Wissenschaftler im Namen der Wahrheit keine Grausamkeiten begehen. Ich weiß, daß im Namen der Wahrheit und Wissenschaft unmenschliche Grausamkeiten an Tieren verübt werden, wie z. B. bei Vivisektionen. So stehen eine ganze Menge von Schwierigkeiten im Weg, ganz gleich wie man Gott beschreibt. Allerdings ist der menschliche Verstand begrenzt, und bei einem Wesen, das die Auffassungsgabe des Menschen sprengt, hat man mit dieser Beschränkung zu kämpfen.

Und dann haben wir noch etwas in der hinduistischen Philosophie: Gott allein *ist*, und nichts anderes existiert. Diese Wahrheit betont und veranschaulicht auch das islamische Kalma. Es legt eindeutig fest, daß allein Gott *ist*, und etwas anderes nicht existiert. Tatsächlich bedeutet das Sanskritwort für Wahrheit – Sat – wörtlich »*ist*«. Daher und aus vielen anderen Gründen, die ich Ihnen nennen könnte, befriedigt mich die Definition »Wahrheit ist Gott« am meisten. Und wenn man die Wahrheit als Gott finden will, ist das einzige unumgängliche Mittel dazu die Liebe, das heißt, die Gewaltlosigkeit. Da ich glaube, daß Mittel und Ziel letztendlich austauschbare Begriffe sind, scheue ich mich nicht zu sagen, Gott ist Liebe.

»Aber was ist dann die Wahrheit?«

Eine schwierige Frage. Für mich habe ich sie folgendermaßen beantwortet: Wahrheit ist das, was die innere Stimme dir sagt.

Wie kommt es, fragen Sie dann, daß verschiedene Menschen verschiedene und gegensätzliche Wahrheiten denken? Nun, wenn man bedenkt, daß der menschliche Geist mit vielfältigen Mitteln arbeitet und die Entwicklung des Verstandes nicht bei allen gleich ist, ergibt sich, daß das, was für den einen die Wahrheit ist, für einen anderen die Unwahrheit sein kann. Daher sind jene, die mit der Wahrheit experimentieren, zu dem Schluß gelangt, daß bei diesem Versuch gewisse Bedingungen einzuhalten sind. Ebenso wie es bei der Durchführung wissenschaftlicher Experimente eine unumgängliche, notwendige Abfolge gibt, erfordern Experimente auf spirituellem Gebiet im voraus eine strenge Disziplin, um eine Person tauglich zu machen. Jeder sollte seine Grenzen erkennen, ehe er von seiner inneren Stimme spricht, und wir sind aus Erfahrung der Ansicht, daß diejenigen, die sich auf eine individuelle Suche nach der Wahrheit als Gott begeben, mehrere Gelübde ablegen müssen, wie z. B. ein Wahrheits- und Keuschheitsgelübde – denn man kann seine Liebe zur Wahrheit und zu Gott unmöglich teilen. Und sie müssen Gewaltlosigkeit, Armut und Besitzlosigkeit geloben. Ohne sich diesen Fünf Gelübden zu unterwerfen, darf man sich diesem Experiment keinesfalls unterziehen. Es sind noch mehrere andere Bedingungen vorgeschrieben, die ich Ihnen jedoch nicht alle darlegen muß. Es genügt zu sagen, daß diejenigen, die dieses Experiment gemacht haben, erfuhren, daß nicht jeder von sich behaupten kann, die Stimme des Gewissens zu hören. Doch da momentan jeder, ohne irgendeine spirituelle Schulung durchlaufen zu haben, das Recht auf ein Gewissen beansprucht und einer erstaunten Welt so viele Unwahrheiten verkündet werden, ist alles, was ich in größter Bescheidenheit sagen kann, daß niemand die Wahrheit findet, ohne grenzenlose Demut zu besitzen. Wer im Ozean der Wahrheit schwimmen will, muß sich auf null reduzieren. Weiter kann ich dieses faszinierende Thema nicht verfolgen.

Young India, 31. Dezember 1931

25 · Sich gläubig Tempeln nähern

In seiner Rede anläßlich der Feierlichkeiten zur Travancore Temple Entry Proclamation sagte Gandhi in Trivandrum:

In meiner Jugend besuchte ich im Glauben und in der Hingabe, die meine Eltern in mir entzündet hatten, viele Tempel. In den letzten Jahren habe ich dies allerdings nicht mehr getan, und seit ich mich für die Abschaffung der Unberührbarkeit engagiere, habe ich alle Tempel gemieden, die nicht auch für alle sogenannten Unberührbaren geöffnet waren. So erschien mir das, was ich heute morgen im Tempel sah, vielleicht ebenso neu wie manchem Avarna-Hindu, der nach der Proklamation einen Tempel besuchte. In meiner Phantasie reiste ich zurück in prähistorische Zeiten, als Tempel erstmals ihre Botschaft von Gott in Stein und Metall übermittelten. Ich bemerkte recht deutlich, daß der Priester, der jede Figur in gewähltem Hindi erklärte, mir nicht sagen wollte, daß jede dieser Figuren Gott sei. Doch auch ohne mir diese spezielle Deutung zu vermitteln, ließ er mich erkennen, daß diese Tempel Brücken zwischen dem ungesehenen, unsichtbaren und unbestimmbaren Gott und uns selbst sind, den unendlich winzigen Tropfen im unendlichen Ozean. Nicht alle Angehörigen des Menschengeschlechts sind Philosophen. Wir sind aus Erde, und deshalb sehr irdisch, so daß es uns nicht zufriedenstellt, über einen unsichtbaren Gott nachzudenken. Wir wünschen uns etwas, das wir berühren, etwas, vor dem wir niederknien können. Es spielt keine Rolle, ob es ein Buch ist, ein leeres Steingebäude oder eins mit vielen Figuren darin. Einige befriedigt schon ein Buch, ein paar mehr ein leeres Gebäude, und viele andere sind nicht zufrieden, bis dieses leere Gebäude bewohnt ist. So fordere ich euch auf, euch diesen Tempeln nicht als dem Inbegriff des Aberglaubens zu nähern. Nähert ihr euch ihnen im festen Glauben, werdet ihr sie nach jedem Besuch gereinigt und mit zunehmend stärkerem Glauben an den lebendigen Gott verlassen.

Harijan, 23. Januar 1937

26 · Die Bedeutung der *Gita*

Ein Freund stellte folgende schwierige Frage:

Die Kontroverse über die Lehre der *Gita* – ob sie in Himsa (Gewalt) oder Ahimsa (Gewaltlosigkeit) besteht – wird, so scheint es, noch eine Weile andauern. Es ist eine Sache, welchen Sinn wir aus der *Gita* herauslesen oder besser gesagt herauslesen wollen, und eine andere, welcher Sinn sich bei unvoreingenommener Lektüre ergibt. Jemandem, der Ahimsa als ewiges Lebensprinzip voraussetzt, bereitet die Frage keine großen Schwierigkeiten. Er wird sagen, daß er die *Gita* nur akzeptieren kann, wenn sie Ahimsa lehrt. Ein großes Werk wie die *Gita* kann für ihn von nichts Größerem handeln als vom ewigen religiösen Prinzip der Ahimsa. Wenn nicht, könnte die *Gita* nicht seine unfehlbare Führerin sein. Sie wäre noch immer seiner Hochachtung würdig, aber keine unanfechtbare Autorität.

Im Ersten Gesang erfahren wir, wie Arjuna, unter dem Einfluß von Ahimsa, seine Waffen niederlegt und bereit ist, von den Händen der Kauravas zu sterben. Er beschwört das Bild der Katastrophe und der Sünde der Himsa. Er wird von Abscheu überwältigt und ruft angstvoll und zitternd aus: »Wehe! eine große Sünde zu begehen, haben wir uns vorgenommen.« *

Shri Krishna überrascht ihn in dieser Stimmung und sagt zu ihm: »Was soll das Philosophieren? Niemand tötet oder wird getötet. Die Seele ist unsterblich, und der Leib

* Deutsch zit. n.: *Die Bhagavadgita*, aus dem Sanskrit übersetzt und herausgegeben von Klaus Mylius, München 1997, S. 28.

muß vergehen. Kämpfe nun pflichtgemäß in der Schlacht. Sieg oder Niederlage gehen dich nichts an. Erfülle deine Pflicht.«

Im Elften Gesang entwirft Krischna ein Panorama des Universums und sagt: »Ich bin die mächtige Zeit, die den Untergang der Welt bewirkt, erschienen, um alle Menschen dahinzuraffen. Auch ohne dich werden alle [hier] in Schlachtreihen aufgestellten Kämpfer [einmal] nicht [mehr] sein, ... die von mir [schon] Getöteten, töte du! Zittere nicht, kämpfe.«*

Vor Gott sind Himsa und Ahimsa gleich. Doch wie lautet Gottes Botschaft an den Menschen? Lautet sie: ›Kämpfe, denn du wirst deine Feinde gewiß auf dem Schlachtfeld vernichten!‹? Falls die *Gita* Ahimsa lehrt, sind der Erste und der Elfte Gesang unvereinbar mit dem Rest oder unterstützen zumindest nicht das Prinzip der Ahimsa. Ich wünschte, Sie könnten die Zeit finden, meine Zweifel zu klären.

Gandhis Antwort:

Diese Frage ist ewig, und jeder Leser der *Gita* muß seine eigene Antwort finden. Auch wenn ich nun meine Antwort vorstelle, weiß ich, daß sie letztendlich nicht vom Verstand, sondern vom Herzen geleitet ist. Das Herz akzeptiert einen Schluß, für den der Verstand anschließend eine Begründung findet. Argumente folgen der Überzeugung. Der Mensch erfindet häufig Gründe für das, was er tut oder tun will.

Daher bin ich auch für die Einstellung jener offen, die meine Deutung der *Gita* nicht akzeptieren können, und

* Ebd., S. 78.

werde lediglich schildern, wie ich dazu gekommen und welchen kanonischen Auslegungen ich gefolgt bin. Ich ringe allein um meine Deutung, ganz gleich ob ich gewinne oder verliere.

Meine erste Begegnung mit der *Gita* hatte ich 1889, ich war kaum zwanzig Jahre alt. Damals hatte ich fast keine Ahnung vom Prinzip der Ahimsa. Ein Vers des Gujarati-Dichters Shamalbhatta hatte mich das Prinzip gelehrt, selbst Feinde mit Liebe zu erobern, und diese Lehre hatte sich mir tief eingeprägt. Dennoch leitete ich daraus noch nicht das ewige Prinzip der Gewaltlosigkeit ab. Tierisches Leben beispielsweise bezog ich nicht ein. So hatte ich zuvor in Indien Fleisch gegessen und es für eine Pflicht gehalten, giftige Reptilien wie Schlangen zu töten. Heute bin ich der Überzeugung, daß ein Anhänger der Ahimsa auf keinen Fall töten darf, nicht einmal giftige Tiere. In jenen Tagen glaubte ich daran, daß wir uns auf einen Kampf gegen die Engländer vorbereiten müßten, und wiederholte häufig den berühmten Ausspruch eines gujaratischen Dichters: »Welch Wunder, daß Britannia herrscht!« oder ähnliches. Der Genuß von Fleisch war für mich ein erster Schritt im Kampf gegen England. Doch als ich nach England aufbrach, versprach ich meiner Mutter, auf Fleisch zu verzichten, und war entschlossen, dieses Versprechen bis zu meinem Lebensende zu halten. Meine Liebe zur Wahrheit hat mich vor vielen Fallgruben bewahrt.

In England veranlaßten mich zwei englische Freunde, die *Gita* zu lesen. Ich sagte »veranlaßten mich«, weil es mich nicht von selbst danach verlangte, sie zu lesen. Doch als die beiden Freunde mich um diese gemeinsame Lektüre baten, schämte ich mich meiner Unwissenheit. Meine völlige Unkenntnis unseres Schrifttums schmerzte mich. Ich glaube, Stolz war die Ursache für dieses Gefühl. Ich konnte ausreichend Sanskrit, um alle Strophen der *Gita* ohne Hilfe zu verstehen. Meine Freunde waren natürlich unbeleckt von jeder Kenntnis des Sanskrit. Sie legten mir die großartige Wiedergabe der *Gita* von Sir Edwin Arnold vor, die ich hingerissen von Anfang bis Ende verschlang. Die letzten 19 Strophen des Zweiten Gesangs bewahre ich seither in meinem Herzen. Für mich umfassen sie alles Wissen. Die Wahrheiten, die sie lehren, sind ewig. Es werden Schlüsse darin gezogen, dennoch stellen sie erkanntes Wissen dar.

Seit damals habe ich viele Übersetzungen und Kommentare gelesen, habe nach Herzenslust geschlossen und gefolgert, aber der Eindruck meiner ersten Lektüre wurde nie gelöscht. Diese Strophen des Zweiten Gesangs sind der Schlüssel zur Deutung der *Gita*. Ich würde sogar dazu raten, alle Verse zu verwerfen, die im Widerspruch zu ihnen stehen. Andererseits braucht ein demütiger Schüler nichts zu verwerfen. Er wird einfach sagen: »Es liegt an der Beschränktheit meines eigenen Verstandes, daß ich diese Widersprüche nicht lösen kann. Vielleicht werde ich zukünftig dazu in der Lage sein.«

Fromme Versenkung und Erfahrung sind wesentlich für eine genaue Auslegung der Schriften. Das Verbot für Shudras, die Schriften zu studieren, ist nicht völlig unbegründet. »Shudra« bedeutet auch geistig ungebildeter, unwissender Mensch. Es ist daher möglich, daß er die *Veden* und andere Schriften falsch deutet. Es kann auch nicht jeder eine algebraische Gleichung lösen. Ohne eine gewisse Vorbildung geht es nicht. Wie übel klänge die große Wahrheit »Ich bin Brahma!« aus dem Munde eines sündigen Mannes! Zu welchen unedlen Zwecken würde er sie verwenden! Welche Verzerrung würde sie durch ihn erleiden!

Demnach sollte ein Mensch, der die Schriften auslegt, auch eine entsprechende spirituelle Ausbildung haben. Er muß den ewigen Verhaltensmaßregeln der Yamas und Niyamas gehorchen. Eine oberflächliche Befolgung wäre jedoch nutzlos. Die *Shastras* weisen auf die Notwendigkeit eines Gurus hin. Doch da Gurus in diesen Tagen selten sind, empfehlen die Weisen das Studium moderner Bücher, die Bhakti lehren. Diejenigen, denen es an Bhakti und Glauben mangelt, sind schlecht geeignet, die Schriften auszulegen. Gebildete mögen eine hochgelehrte Abhandlung präsentieren, aber das ist keine wahre Deutung. Nur die Erfahrenen können zu einer wahren Deutung der Schriften gelangen.

Doch auch für Unerfahrene gibt es gewisse Richtlinien. Eine Deutung, die der Wahrheit widerspricht, ist nicht wahr. Und für jemanden, der sogar die Wahrheit anzweifelt, haben die Schriften keinen Sinn. Mit ihm kann sich niemand auseinandersetzen. Derjenige, der keine Ahimsa in den Schriften zu entdecken vermag, ist gefährdet, jedoch nicht verdammt. Wahrheit – Sat – ist positiv, Gewaltlosigkeit negativ. Wahrheit steht *für* die Sache, Gewaltlosigkeit verneint eine Sache. Und doch ist Gewaltlosigkeit die höchste Religion. Die Wahrheit ist durch sich selbst, und die Gewaltlosigkeit ist ihre reifste Frucht. Sie ist in der Wahrheit enthalten, doch da sie nicht aus sich selbst entsteht, kann man die *Shastras* zu deuten versuchen, auch ohne Gewaltlosigkeit zu akzeptieren. Allerdings führt die Anerkennung der Wahrheit ganz sicher zur Anerkennung von Gewaltlosigkeit.

Fleischlicher Verzicht ist eine wesentliche Voraussetzung für die Erkenntnis der Wahrheit. Ein Weiser, der die Wahrheit erkannte, fand Gewaltlosigkeit in der Gewalt, die überall um ihn tobte, und sagte: Gewalt ist unwirklich, Gewaltlosigkeit ist wirklich. Die Erkenntnis der Wahrheit ist ohne Gewaltlosigkeit unmöglich. Brahmacharya (Keuschheit), Asteya (Nichtstehlen) und Aparigraha (Besitzlosigkeit) sind Mittel, um Gewaltlosigkeit zu erreichen. Ahimsa ist die Seele der Wahrheit. Ohne sie ist der Mensch nicht mehr als ein Tier. Ein Wahrheitssucher wird all dies auf seiner Suche erkennen und keine Schwierigkeiten bei der Auslegung der *Shastras* haben.

Eine weitere Regel besteht darin, nicht den einzelnen Buchstaben, sondern den Geist einer Schrift zu untersuchen. Das *Ramayana* des Tulsidas ist ein großes Werk, da es im Geiste von Reinheit, Barmherzigkeit und Frömmigkeit entstand. Nun gibt es darin einen Vers, der besagt, Trommeln, Shudras, Dummköpfe und Frauen verdienten es, geschlagen zu werden. Ein Mann, der unter Berufung auf diesen Vers seine Frau schlägt, ist zur Verdammnis verurteilt. Nicht nur, daß Rama seine Frau nicht schlug, er bemühte sich sogar, sie nie zu verstimmen. Tulsidas hat einfach einen zu seiner Zeit gängigen Ausspruch in sein Werk eingefügt und hätte es sich gewiß nicht träumen lassen, daß künftig ein paar brutale Kerle kraft dieses Verses ihre Frauen schlagen würden. Doch nehmen wir einmal an, daß Tulsidas im Einklang mit den Sitten seiner Zeit selber seine Frau schlug, was dann? Er war dennoch im Unrecht. Das *Ramayana* wurde nicht zur Rechtfertigung von Männern geschrieben, die ihre Frauen schlagen. Es wurde geschrieben, um in Rama den vollkommenen Mann, in Sita die vollkommene Ehefrau und in Bharata das Ideal des hingebungsvollen Bruders zu schildern. Mithin ist jede zufällig darin enthaltene Rechtfertigung übler Sitten zu verwerfen. Auch hat Tulsidas sein unvergleichliches Epos nicht geschrieben, um Erdkunde zu lehren, und alle falschen geographischen Angaben, die uns vielleicht im *Ramayana* begegnen, sind ebenfalls zu vernachlässigen.

Wir wollen nun die *Gita* im Licht dieser Bemerkungen betrachten. Selbsterkenntnis und ihre Mittel sind das Thema der *Gita*. Der Kampf zwischen den beiden Heeren liefert hierbei nur die Gelegenheit, das Thema auszuführen. Wenn man will, könnte man sagen, daß der Dichter selbst nicht gegen Krieg oder Gewalt war und daher nicht zögerte, sich des Kampfes als Ausdrucksmittel zu bedienen. Andererseits vermittelt mir die Lektüre des *Mahabharata* einen ganz anderen Eindruck. In diesem herrlichen Epos von großer Schönheit schildert der Dichter Vyasa die Fruchtlosigkeit des Krieges. Was liegt daran, fragt er, daß die Kauravas überwältigt wurden? Und was daran, daß die Pandavas siegten? Wie viele von den Siegern blieben übrig? Welches Ende nahm ihre Mutter Kunti? Und wo sind die Yadavas heute?

Es wäre falsch, den Krieg und die Rechtfertigung von Gewalt hervorzuheben, denn ihre Schilderung ist nicht das Thema des Epos. Und auch wenn es schwierig ist, gewisse Verse darin mit der Lehre der Gewaltlosigkeit zu vereinbaren, so ist es noch weit schwieriger, die gesamte *Gita* in einem Rahmen der Gewalt zu sehen.

Beim Schreiben ist sich ein Dichter der Interpretationsmöglichkeiten, die sein Werk bietet, nicht bewußt. Die Schönheit der Dichtung besteht darin, daß die Schöpfung über ihren Dichter hinausreicht. Die Wahrheit, die er in den Höhenflügen seiner Phantasie erreicht, findet meist keine Entsprechung in seinem Leben. Mithin steht das Leben vieler Dichter im Widerspruch zu ihrer Kunst. Daß die zentrale Lehre der *Gita* nicht Himsa, sondern Ahimsa ist, wird ausführlich durch das Thema belegt, das im Zweiten Gesang aufgenommen und im letzten, dem Achtzehnten, beschlossen wird. Seine Behandlung in den anderen Gesängen unterstützt diese Position. Himsa ist nicht möglich ohne Zorn, ohne Anhaften, ohne Haß, und die *Gita* ist bestrebt, uns in einen Zustand jenseits der drei Eigenschaften Sattva, Rajas und Tamas zu führen, einen Zustand, der Zorn, Haß etc. ausschließt. Dennoch kann ich mir die vor Zorn geröteten Augen Arjunas beim Anlegen seines Bogens gut vorstellen.

Arjunas Weigerung, in die Schlacht zu ziehen, geschieht nicht im Geiste der Ahimsa. Er hat bereits viele Schlachten geschlagen. Nur dieses eine Mal überkommt ihn falsches Mitleid. Er scheut sich, die eigenen Verwandten zu töten. Niemals stellt Arjuna das Töten an sich in Frage. Er sagt nicht, er würde selbst seine Feinde nicht töten. Shri Krishna weiß um die geheimsten Gedanken eines jeden, und so durchschaut er die momentane Verblendung Arjunas. Er sagt zu ihm: »Du hast bereits getötet. Du kannst dich nicht auf einmal auf Gewaltlosigkeit berufen. Führe zu Ende, was du schon begonnen hast.«

Wenn ein Fahrgast des Scotch Express plötzlich keine Lust mehr hat weiterzureisen und hinausspringt, macht er sich des Selbstmordes schuldig. Er hat noch nicht gelernt, daß man, ist man einmal eingestiegen, bis zum Ende der Zugfahrt ausharren muß. Ähnliches ist bei Arjuna der Fall. Auch der gewaltlose Krishna kann ihm keinen anderen Rat geben. Aber zu sagen, daß die *Gita* Gewalt lehre oder den Krieg rechtfertige, weil sie bei einer bestimmten Gelegenheit zum Töten rät, ist ebenso falsch wie zu behaupten, Himsa sei das Gesetz des Daseins, weil ein gewisses Maß an Gewalt im alltäglichen Leben unvermeidlich ist. Denjenigen, der den Geist der *Gita* erfaßt, lehrt sie das Geheimnis der Gewaltlosigkeit, das Geheimnis, sein Selbst durch den physischen Leib hindurch zu erkennen.

Und wer sind Dhritarashtra und Yudhishthira und Arjuna? Wer ist Krishna? Waren sie alle historische Gestalten? Und beschreibt die *Gita* sie als solche? Stimmt es, daß Arjuna plötzlich mitten im Kampf innehielt, Krishna seine Frage stellte und Krishna ihm die gesamte *Gita* vortrug? Und welche *Gita* war das – die *Gita*, die Arjuna behauptete vergessen zu haben, nachdem er ausrief, seine »Betörung« sei nun getilgt? Diejenige, die Krishna ihm noch einmal vortragen sollte und es nicht vermochte? Und der er daher die Form der *Anugita* gab?

Ich sehe in Duryodhana und seiner Partei die niederen Triebe des Menschen und in Arjuna und den Seinen die höheren. Das Schlachtfeld ist unser eigener Leib. Lebhaft schildert der Dichter und Seher den ewigen Kampf, der zwischen beiden Lagern herrscht. Krishna ist die innere Stimme, die einem reinen Herzen stets innewohnt.

Wie eine Uhr muß das reine Herz stets von neuem aufgezogen werden, sonst verstummt die innere Stimme.

Nicht daß physische Schlachten nicht in Frage kämen. Die, die Gewaltlosigkeit nicht kennen, müssen nach der Lehre der *Gita* nicht verzweifeln. Wer sich fürchtet, wer seine Haut retten will, wer seinen Leidenschaften nachgibt, muß einen physischen Kampf ausfechten, ob er will oder nicht; aber das ist nicht sein Dharma. Es gibt einen und nur einen Dharma. Ahimsa bedeutet Moksha, und Moksha ist die Erkenntnis der Wahrheit. Hier ist kein Platz für Feigheit. Himsa wird es in dieser seltsamen Welt immer geben. Die *Gita* weist den Ausweg. Aber sie zeigt auch, daß eine Flucht aus Feigheit und Verzweiflung nicht der Weg ist. Viel besser, als feige zu fliehen, ist es, zu töten und in der Schlacht getötet zu werden.

Ist die Bedeutung der Verse, die mein Briefpartner zitiert, bis jetzt nicht klargeworden, muß ich meine Unfähigkeit, sie klarzumachen, eingestehen. Stimmen wir überein, daß der Allmächtige Gott Schöpfer, Erhalter und Zerstörer ist und sein sollte? Und wenn er der Schöpfer ist, hat er zweifellos auch das Recht zu zerstören. Und doch zerstört er nicht, weil er nicht schafft. Nach seinem Gesetz muß alles, was geboren wird, auch sterben, und darin liegt seine Gnade. Seine Gesetze sind unwandelbar. Wo wären wir, wenn er sie nach Laune ändern würde?

27 · Krishna Janmashtami

Das Folgende ist die Zusammenfassung einer Rede, die Gandhi in Arsikere (Mysore) hielt:

Wir wissen nicht, was Shri Krishnas Leben für uns bedeutet, wir lesen die *Gita* nicht und bemühen uns nicht, unsere Kinder darin zu unterrichten. Die *Gita* ist ein so erhabenes Buch, daß Menschen jedes Glaubens, Alters oder Landes sie mit Achtung lesen und in ihr die Prinzipien ihrer jeweiligen Religion entdecken können. Wenn wir an jedem Janmashtami-Tag an Krishna denken, die *Gita* lesen und uns vornehmen würden, ihre Lehren zu befolgen, hätten wir jetzt nicht ein so erbärmliches Los. Shri Krishna hat sein ganzes Leben lang den Menschen gedient, er war ein wahrer Diener des Volkes. Er hätte die Heere in Kurukshetra anführen können, aber er zog es vor, Arjunas Wagenlenker zu sein. Sein ganzes Leben war eine ununterbrochene *Gita* des Karma. Er lehnte die Süßigkeiten des stolzen Duryodhana ab und zog Viduras Spinat vor. Als Kind war er Kuhhirte, und wir kennen ihn noch immer unter dem Namen Gopala. Aber wir, seine Anhänger, schätzen heutzutage die Kuh gering und essen Rindfleisch, die Adi-Karnatakas schlachten Kühe und essen ihr Fleisch, und unsere Kinder und Kranken müssen ohne ihre Milch auskommen. Krishna kennt weder Schlaf noch Müßiggang. Schlaflos wacht er über die Welt, wenngleich wir, seine Nachfahren, träge geworden sind und den Gebrauch unserer Hände vergessen haben. In der *Bhagavadgita* hat Krishna den Pfad der Bhakti, das heißt den Pfad des Karma, gezeigt. Lokamanya Tilak hat vorgelebt, daß Karma der einzige Weg ist, ob wir nun Bhaktas oder Jnanis zu sein wünschen. Doch Karma sollte nicht dem Selbst, sondern den Anderen dienen. Im eigenen Interesse vollbrachte Taten sind Fesseln, Taten für Andere befreien davon. Wie könnte altruistisches Tun aussehen, das universell von Hindus, Muslimen, Christen, Männern, Frauen und Kindern ausgeübt werden kann? Eine solche aufopferungsvolle Tat ist die Arbeit am Spinnrad, denn sie läßt uns etwas im Namen Gottes tun, etwas für die Ärmsten, etwas, das Bewegung in müßige Glieder bringt. Krishna lehrt auch, daß man, um ein wahrer Bhakta zu sein, keinen Unterschied zwischen einem Brahmanen und einem Straßenkehrer machen darf. Wenn dies wahr ist, kann es im Hinduismus keinen Platz für Unberührbarkeit geben. Wenn ihr diesem Aberglauben noch anhängt, dann könnt ihr euch reinigen, indem ihr ihn an diesem heiligen Geburtstag Krishnas ablegt. Wer auf die *Gita* schwört, darf keinen Unterschied zwischen Hindu und Muslim machen. Denn Krishna, der Herr, hat erklärt, daß, wer Gott unter welchem Namen auch immer im rechten Sinne anbetet, Ihn anbetet. Der Pfad von Bhakti, Karma und Liebe, wie ihn die *Gita* erläutert, läßt keinen Raum für die Verachtung des Menschen durch den Menschen.

Young India, 1. September 1927

28 · Die Botschaft der *Gita*

1. Schon 1888/89, als ich mich zum ersten Mal mit der *Gita* beschäftigte, spürte ich, daß sie kein historisches Werk sei, sondern unter dem Anschein eines realen Krieges das Duell beschrieb, das sich unablässig in den Herzen der Menschen abspielt, und daß der Krieg nur hineingebracht wurde, um die Schilderung des inneren Kampfes spannender zu machen. Diese erste Ahnung bestätigte sich bei näherer Beschäftigung mit der Religion und der Gita immer mehr. Das Studium des *Mahabharata* führte zu weiterer Bestätigung. Ich betrachte das *Mahabharata* nicht als historisches Werk im herkömmlichen Sinne. Der Adiparva, der Anfangsteil, enthält starke Belege, die meine Ansicht stützen. Indem der große Vyasa den Hauptakteuren über- oder nichtmenschliche Ursprünge zuschreibt, macht er keine großen Umstände mit der Geschichte der Könige und ihrer Völker. Die beschriebenen Personen könnten historisch sein, aber der Autor des *Mahabharata* hat sie nur benutzt, um sein religiöses Thema zu verdeutlichen.

2. Der Autor des *Mahabharata* hat die physische Kriegführung nicht als notwendig festgeschrieben; im Gegenteil: er hat ihre Vergeblichkeit bewiesen. Er ließ die Sieger Tränen des Kummers und der Reue vergießen und gönnte ihnen nicht mehr als ein leidvolles Erbe.

3. Die *Gita* ist die Krone dieses großen Werkes. Statt uns über die Regeln der Kriegsführung zu belehren, erzählt uns ihr Zweiter Gesang, woran man den vollkommenen Menschen erkennt. Unter den Merkmalen dieses

vollkommenen Menschen finde ich keines, das mit Kriegsführung zu tun hat. Der ganze Entwurf ist unvereinbar mit den Regeln des Verhaltens, das die Beziehung zwischen kämpfenden Parteien beherrscht.

4. Der Krishna der *Gita* ist die personifizierte Vollkommenheit und Weisheit; aber sein Bild ist fiktiv. Das heißt nicht, daß ein von seinem Volk geliebter Krishna nie gelebt hat. Seine Vollkommenheit indes ist imaginär. Die Vorstellung von einer vollkommenen Inkarnation ist eine spätere Entwicklung.

5. Als Inkarnation versteht man im Hinduismus jemanden, der der Menschheit einen außergewöhnlichen Dienst erwiesen hat. Alles verkörperte Leben ist in Wahrheit eine Inkarnation Gottes, doch ist es nicht üblich, jedes Lebewesen als Inkarnation zu betrachten. Spätere Generationen erweisen diese Huldigung demjenigen, der in seiner eigenen Zeit außergewöhnlich religiös gehandelt hat. Ich kann an diesem Glauben nichts Falsches entdekken. Es gibt im Urdu eine Redensart, die besagt »Adam ist nicht Gott, aber er besitzt den Funken des Göttlichen«. Daher besitzt der, der sich religiös verhält, diesen göttlichen Funken, und entsprechend diesem Gedankengang besitzt Krishna im Hinduismus den Status der vollkommensten Inkarnation.

6. Der Glaube an Inkarnation ist ein Zeugnis des hochfliegenden geistigen Ehrgeizes des Menschen. Der Mensch lebt nicht in Frieden mit sich, bis er Gott ähnlich ist. Das Bemühen, diesen Zustand zu erreichen, ist der höchste und einzige Ehrgeiz, der sich lohnt. Es ist der der Selbsterkenntnis. Sie ist das Thema der *Gita*, wie aller Schriften. Dennoch hat ihr Autor sie gewiß nicht geschrieben,

um diese Doktrin aufzustellen. Das Ziel der *Gita* scheint mir zu sein, den besten Weg zur Selbsterkenntnis aufzuzeigen. Auch auf die Gefahr hin, daß ich mich wiederhole: Das, was sich mehr oder weniger deutlich in allen hinduistischen religiösen Werken verstreut findet, ist in der klarst möglichen Sprache in der *Gita* herausgearbeitet.

7. Das einzige Heilmittel ist der Verzicht auf die Früchte der Taten.

8. Dieser Gedanke steht im Mittelpunkt der *Gita*. Verzicht ist die zentrale Sonne, um die sich Hingabe, Erkenntnis und alles übrige drehen wie Planeten. Der Leib wird mit einem Gefängnis verglichen. Wo Leib ist, müssen Taten sein. Nicht ein lebendes Wesen ist vom Tun befreit. Und doch behaupten alle Religionen, daß es dem Menschen möglich sei, seinen Leib zu einem Tempel Gottes zu machen, um Befreiung zu erlangen. Alles Tun ist befleckt, so geringfügig es auch sein mag. Wie kann dann der Leib zu einem Tempel Gottes werden? Mit anderen Worten, wie kann man frei von Taten, das heißt vom Makel der Sünde, werden? Durch begierdeloses Tun; indem man auf die Früchte der Taten verzichtet; in dem man sein ganzes Tun Gott weiht, also sich mit Leib und Seele Ihm anvertraut.

9. Doch Begierdelosigkeit oder Verzicht werden nicht erlangt, indem man über sie redet. Sie werden nicht durch intellektuelle Leistung erreicht, sondern allein durch unablässiges Streben des Herzens. Rechtes Wissen ist notwendig für die Erlangung von Verzicht. Gelehrte Männer verfügen über eine bestimmte Art von Wissen. Sie rezitieren vielleicht die *Veden* aus dem Gedächtnis, doch auch sie können der Zügellosigkeit anheimfallen. Damit Wis-

sen nicht wuchert, verlangt der Autor der *Gita*, daß es von Hingabe geleitet wird, und setzt diese an die erste Stelle. Wissen ohne Hingabe ist wie eine Fehlzündung. Daher sagt die *Gita*: Sei hingebungsvoll, und das Wissen wird folgen. Diese Hingabe ist kein bloßes Lippenbekenntnis, sie ist ein Ringen mit dem Tod. Damit stellt die *Gita* die Fähigkeiten eines Jüngers fast auf eine Stufe mit denen eines Weisen.

10. Die von der *Gita* geforderte Hingabe ist keine treuherzige, überschwengliche Inbrunst, auch nicht blindes Vertrauen. Und am allerwenigsten hat die Hingabe in der *Gita* etwas mit Äußerlichkeiten zu tun. Ein Jünger darf, wenn er möchte, Gebetsketten und Stirnzeichen verwenden und Opfer darbringen, aber all dies ist kein Beweis für seine Hingabe. Ein Jünger ist der, der auf nichts und niemanden eifersüchtig ist, ein Born der Barmherzigkeit, ohne Egoismus, selbstlos, dem Hitze und Kälte, Glück und Elend gleich sind, der stets vergibt, immer zufrieden ist, dessen Entschlüsse feststehen, der seinen Geist und seine Seele Gott geweiht hat, der keine Angst einflößt, der sich nicht vor anderen fürchtet, der frei ist von Jubel, Kummer und Furcht, der rein ist, beschlagen im Handeln und dennoch unberührt davon bleibt, der auf alle Früchte, gute oder schlechte, verzichtet, der Freunde und Feinde gleich behandelt, der unberührt ist von Achtung oder Mißachtung, der sich nicht aufbläht bei Lob, der nicht untergeht, wenn die Menschen schlecht über ihn reden, der Stille und Einsamkeit liebt und einen geschulten Verstand besitzt. Solche Hingabe ist unvereinbar mit der gleichzeitigen Existenz starker Bindungen.

11. Ein wahrer Jünger zu sein bedeutet demnach, sich

selbst zu erkennen. Selbsterkenntnis ist nicht etwas von ihm Getrenntes. Mit einer Rupie können wir uns Gift oder Nektar kaufen, doch mit Erkenntnis oder Hingabe können wir weder Erlösung noch Knechtschaft kaufen. Sie sind keine Mittel mit Tauschwert. Sie selbst sind es, was wir wollen. Mit anderen Worten, Mittel und Ziel sind beinahe identisch. Äußerstes Mittel und Ziel ist Erlösung. Und in der *Gita* ist die Erlösung vollkommener Friede.

12. Doch Erkenntnis und Hingabe müssen, um echt zu sein, eine Prüfung bestehen: den Verzicht auf die Früchte der Taten. Das bloße Wissen um Richtig und Falsch befähigt niemanden zur Erlösung. Im allgemeinen ist ein gebildeter Mann ein Pandit. Er muß keine Arbeit leisten. Schon das Heben eines kleinen Krugs wird er als Knechtschaft betrachten. Wo es ein Prüfstein des Wissens ist, nicht der Verpflichtung zum Dienen unterworfen zu sein, ist kein Platz für profane Tätigkeiten wie das Aufheben eines Lota.

13. Oder sprechen wir von Bhakti. Nach landläufiger Ansicht besteht Bhakti darin, weichherzig zu sein, Gebetsperlen zu zählen und ähnliches. Ein Bhakta lehnt sogar die Verrichtung eines Liebesdienstes ab, um seine Gebete etc. nicht unterbrechen zu müssen. Deshalb legt er seine Gebetskette nur zum Essen, Trinken und dergleichen nieder, niemals jedoch um Getreide zu mahlen oder Kranke zu pflegen.

14. Doch die *Gita* sagt: »Niemand hat sein Ziel ohne Tat erreicht. Durch solche Tat gelangten ja Janaka und andere zur Vollkommenheit. Denn wenn ich mich nicht immerdar unermüdlich im Tun bewegen würde, die Menschen aber allenthalben meinen Spuren folgen, unterge-

hen würden diese Welten, wenn ich kein Werk verrichten würde.«*

15. Während einerseits unbestritten ist, daß alles Tun zu Abhängigkeit führt, ist es andererseits ebenso wahr, daß alle Lebewesen irgendein Werk verrichten müssen, ob sie wollen oder nicht. Der Begriff der Tat umfaßt hier jede Aktivität, sei sie geistig oder körperlich. Wie kann man also frei sein vom Anhaften, das das Tun erzeugt, und dennoch handeln? Die *Gita* hat dieses Problem meines Erachtens auf einzigartige Weise gelöst. Es heißt dort: »Darum vollziehe, ohne daran zu haften, beständig die pflichtgemäße Tat.«** Dies ist die unmißverständliche Lehre der *Gita*. Wer das Handeln aufgibt, kommt zu Fall. Wer jedoch nur den Lohn aufgibt, steigt auf. Doch der Verzicht auf die Früchte der Taten bedeutet keinesfalls Gleichgültigkeit gegenüber ihrem Ergebnis. Bei jeder Tat muß man das erwartete Ergebnis kennen und die dazu erforderlichen Mittel und Fähigkeiten. Wer über solche verfügt, doch nicht begierig auf das Resultat ist, aber zugleich ganz eingenommen von der gebührenden Erfüllung der Aufgabe vor ihm, von dem heißt es, er habe auf die Früchte seiner Tat verzichtet.

16. Noch einmal: Niemand sollte den Verzicht als den Mangel an Früchten für den Verzichtenden sehen. Die Lektüre der *Gita* läßt eine solche Deutung nicht zu. Verzicht bedeutet Abwesenheit vom Verlangen nach Früchten. Im Gegenteil, wer verzichtet, erntet tausendfach. In der *Gita* ist Verzicht der Säuretest des Glaubens. Wer stets über den Gewinn nachgrübelt, verliert bei der Durchfüh-

* Zit. n. Mylius, a. a. O., Dritter Gesang 20, 23, S. 40.

** Zit. n. Mylius, a. a. O., Dritter Gesang 19, S. 40.

rung seiner Aufgaben häufig die Nerven. Er wird ungeduldig und muß dann seinem Ärger Luft machen und begeht unwürdige Handlungen; er springt von Tat zu Tat, ohne jemals einer Sache treu zu bleiben. Wer über Ergebnisse nachgrübelt, gleicht einem Menschen, der den Bedürfnissen seiner Sinne verfallen ist; er ist ständig abgelenkt, verabschiedet sich von allen Skrupeln, seiner Einschätzung nach ist alles richtig, so daß er sich wahllos beliebiger Mittel bedient, um sein Ziel zu erreichen.

17. Die bittere Erfahrung der Gier nach den Früchten der Taten hat dem Autor der *Gita* den Pfad des Verzichts gewiesen, den er der Welt so überzeugend darlegt. Nach allgemeiner Vorstellung steht Religion stets im Gegensatz zu materiellem Wohlstand. »In kaufmännischen und dergleichen Angelegenheiten kann man nicht religiös handeln. Verfolgt man solche Ziele, ist kein Platz für Religion; Religion dient allein dem Erlangen von Befreiung«, hören wir von vielen weltklugen Menschen. Meiner Ansicht nach klärt der Autor der *Gita* diesen Irrtum. Er zieht keine Trennungslinie zwischen Befreiung und weltlichen Zielen. Im Gegenteil, er erklärt sogar, daß Religion unsere weltlichen Ziele lenken sollte. Ich meine, die *Gita* lehrt uns, daß etwas, das keinen Platz in alltäglicher Routine hat, nicht als Religion gelten kann. Also sind der *Gita* zufolge alle Werke tabu, die nicht ohne Anhaften ausgeführt werden können. Diese goldene Regel bewahrt die Menschen vor so mancher Fallgrube. Nach dieser Deutung müssen Mord, Lügen, Ausschweifung und ähnliches als sündig und daher tabu gelten. Dieses Tabu vereinfacht das Leben des Menschen, und aus dieser Einfachheit erwächst Friede.

18. Diesen Grundsätzen folgend habe ich erkannt, daß man bei dem Versuch, die zentralen Lehren der *Gita* im Leben zu verwirklichen, dem Weg der Wahrheit und der Ahimsa folgen muß. Ohne die Gier nach den Früchten unseres Tuns haben die Versuchungen von Unwahrheit und Himsa keinen Bestand. An jedem beliebigen Fall von Unwahrheit und Gewaltausübung läßt sich ablesen, daß dahinter die Gier nach einem ersehnten Ziel stand. Dennoch kann man offen zugeben, daß die *Gita* nicht geschrieben wurde, um Ahimsa einzuführen. Schon vor dem Zeitalter der *Gita* war Gewaltlosigkeit anerkannte und erste Pflicht. Die *Gita* muß also die Botschaft vom Verzicht auf die Früchte der Taten verkünden, wie bereits im Zweiten Gesang deutlich wird.

19. Wenn die *Gita* jedoch an Ahimsa glaubt oder diese zumindest in ihre Idee von Begierdelosigkeit eingeschlossen ist, warum hat ihr Autor sich dann dafür entschieden, dies anhand eines Krieges zu illustrieren? Als die *Gita* geschrieben wurde, waren Kriege, auch wenn die Menschen an Ahimsa glaubten, nicht nur nicht tabu, sondern es wurde nicht einmal ein Widerspruch zwischen Krieg und Ahimsa wahrgenommen.

20. Die Einschätzung der Folgen des Verzichts auf die Früchte der Taten erfordert es nicht, die Gedanken des Autors auf ihre Grenzen hinsichtlich der Ahimsa und anderer Aspekte zu erforschen. Wenn ein Dichter der Welt eine besondere Wahrheit präsentiert, heißt das nicht unbedingt, daß er sich auch aller weiterreichenden Folgen bewußt war. Und selbst dann bedeutet das noch immer nicht, daß er allzeit imstande war, diese vollständig auszudrücken. Vielleicht liegt darin die Größe des Gedich-

tes und des Dichters. Die Absicht eines Dichters ist grenzenlos. Wie der Mensch ist auch die Bedeutung großer Werke einer Entwicklung unterworfen. Untersuchen wir die Geschichte der Sprache, fällt uns auf, daß die Bedeutung wichtiger Worte sich verändert oder erweitert. Dies trifft auch auf die *Gita* zu. Bereits bei oberflächlicher Betrachtung läßt sich feststellen, daß sogar der Autor selbst den Inhalt einiger gängiger Begriffe ausgeweitet hat. Es ist möglich, daß in der Zeit vor der *Gita* Tieropfer zulässig waren. Doch das Opfer im Sinne der *Gita* weist davon keine Spuren mehr auf. In ihr gilt die unablässige Hinwendung zu Gott als König der Opfer. Im Dritten Gesang scheint mit Opfer in der Hauptsache die körperliche Arbeit des Dienens gemeint zu sein. Im Dritten und Vierten Gesang gibt es noch andere Deutungen des Opferbegriffs, nie jedoch im Sinne von Tieropfern. Auf ähnliche Weise erfährt das Wort Sannyasa in der *Gita* eine Bedeutungsänderung. Der Sannyasa der *Gita* duldet das vollständige Einstellen allen Handelns nicht. Der Sannyasa der *Gita* ist ganz Werk und zugleich kein Werk. Der Autor der *Gita* lehrt uns, ihm nachzueifern, indem er den Sinn von Worten erweitert. Nehmen wir es als gegeben an, daß es nach dem Wortlaut der *Gita* möglich ist, Krieg und Verzicht auf die Früchte von Taten miteinander zu vereinbaren. Doch nach vierzig Jahren beharrlichen Strebens, die Lehren der *Gita* in meinem Leben zu verwirklichen, habe ich in aller Bescheidenheit erkannt, daß vollständiger Verzicht ohne die vollkommene Befolgung von Ahimsa unmöglich ist.

21. Die *Gita* ist kein aphoristisches Werk; sie ist ein großes religiöses Gedicht. Je tiefer man in sie eindringt,

desto reichhaltiger der Sinn, den man erhält. Da sie für die Gesamtheit der Menschen gedacht ist, bedient sie sich hilfreicher Wiederholungen. In jeder Zeit werden die wichtigen Begriffe neue und sich erweiternde Bedeutungen gewinnen. Doch die zentrale Botschaft wird sich niemals ändern. Es steht dem Suchenden frei, aus diesem Schatz den Inhalt zu ziehen, den er braucht, um sich in die Lage zu versetzen, die Lehre der *Gita* in seinem Leben zu verwirklichen.

22. Die *Gita* ist auch keine Sammlung von Ge- und Verboten. Was gültig für den einen ist, mag ungültig für den anderen sein. Was zu einer Zeit oder an einem Ort zulässig ist, ist es zu anderer Zeit an anderem Ort vielleicht nicht. Die Gier nach den Früchten unseres Tuns ist das einzige umfassende Verbot. Begierdelosigkeit ist das Entscheidende.

23. Die *Gita* singt das Loblied einer Erkenntnis, die über den Verstand hinausreicht; sie ist im wesentlichen an das Herz gerichtet und kann vom Herzen verstanden werden. Deshalb ist die *Gita* nicht für diejenigen, die keinen Glauben haben. Der Autor läßt Krishna sagen:

»Dieses (Lehrgedicht) darfst du niemandem verkünden, der nicht bußfertig ist und mich nicht liebt, keinem, der auf mich nicht hört und der mir grollt. Wer dieses höchste geheime (Lehrgedicht), denen, die mich lieben, weitergibt, höchste Verehrung mir darbringend, wird ohne Zweifel zu mir kommen. [...] Der Mann auch, der glaubensvoll und ohne Groll (dies hört), auch dieser dürfte als Erlöster die reinen Welten der Tugendhaften erlangen.«*

Young India, 6. August 1931

* Zit. n. Mylius, a. a.O., Achtzehnter Gesang, 67-68, S. 109, 71 S. 108.

29 · Aus dem Yeravda-Mandir

Aus dem Yeravda-Gefängnis schickte Gandhi den Mitgliedern seines Ashram in Sabarmati die folgenden beiden Abhandlungen:

Ich laufe zu meiner Mutter *Gita*, sooft ich mich in Not befinde, und nie hat sie mir bisher ihren Trost versagt. Es ist möglich, daß jene, die Trost aus der *Gita* schöpfen, mehr Hilfe erlangen und etwas ganz Neues sehen, wenn sie erfahren, auf welche Weise ich die *Gita* im Alltag verstehe.

Heute möchte ich eine Zusammenfassung des Zwölften Gesangs geben. Das ist Bhaktiyoga – die Erkenntnis Gottes durch Hingabe. Es ist eine der fünf Opfergaben bei einer Hochzeit, daß das Brautpaar diesen Gesang auswendig lernt und sich hineinversenkt. Ohne Hingabe sind Tat und Wissen kalt und trocken und können sogar zu Fesseln werden. Also laßt uns mit einem Herzen voller Liebe auf diese Meditation über die Gita zuschreiten.

Arjuna fragt den Erhabenen: »Welcher von beiden ist der Bessere: der Jünger, der das Manifeste verehrt, oder jener, der das Nicht-Manifeste verehrt?«

Der Erhabene antwortet: »Die sich von höchstem Glauben erfüllt ins Manifeste versenken und sich selbst in Mir verlieren, diese Ergebenen sind Meine Jünger. Doch die, die das Nicht-Manifeste verehren und dabei all ihre Sinne bändigen, allseits gleichmütig, nichts als hoch oder niedrig erachtend, auch diese erlangen Mich.«*

Eine Überlegenheit des einen über den anderen bestä-

* Vgl. auch Mylius, a. a. O., Zwölfter Gesang, 1 ff., S. 82.

tigt sich hier nicht. Doch gilt es für ein körperhaftes Wesen als unmöglich, das Nicht-Manifeste völlig zu begreifen und zu verehren. Es ist eigenschaftslos und jenseits der Reichweite menschlicher Vorstellungskraft. Daher sind alle körperhaften Wesen – bewußt oder unbewußt – Anhänger des Manifesten.

»Also«, spricht der Erhabene, »in Meinen Allumfassenden Leib, der Form besitzt, laß eingehen deinen Verstand. Lege dich ihm ganz zu Füßen. Wenn du das jedoch nicht vermagst, dann versuche die Leidenschaften deines Geistes zu bändigen. Bändige deinen Geist, indem du Yama und Niyama mit Hilfe von Pranayama, Asana und anderen Übungen befolgst. Wenn du auch dies nicht vermagst, dann vollziehe all deine Werke unter folgender Maßgabe: Tu alles, was du tust, um Meinetwillen. Dann werden deine weltlichen Leidenschaften und Anhaftungen verblassen, und du wirst allmählich makellos und rein. Die Quelle der Liebe wird in dir sprudeln. Doch wenn du nicht einmal dies vermagst, dann verzichte auf aller Taten Frucht; sehne dich nicht mehr nach den Früchten deiner Arbeit. Die Frucht der Arbeit erscheint nur, nachdem Ursachen sie geformt haben. Deshalb sei du nur das Werkzeug. Betrachte keine dieser vier Methoden, die ich dir gezeigt habe, als über- oder unterlegen. Was immer in ihnen sich für dich eignet, nutze es für deine Andachtsübung.«

Der Pfad des Hörens, Meditierens und Verstehens ist möglicherweise leichter als der erwähnte Pfad von Yama, Niyama, Pranayama und Asana; leichter vielleicht als Bemühen und Andacht; und noch leichter als das Bemühen mag der Verzicht auf die Früchte der Taten sein. Die

Methoden können nicht für alle gleich leicht sein, einige müssen womöglich alle diese Methoden zur Hilfe nehmen, die zweifellos miteinander verflochten sind. In jedem Fall möchtest du ein Jünger sein. Um dieses Ziel zu erreichen, wende die Methode an, die du beherrschst. Meine Rolle besteht nur darin, dir zu erklären, wer als wahrer Jünger gilt. Er ist ein Nichthasser aller Wesen, grollt keinem, ist aller Geschöpfe Freund, ist gegenüber allen barmherzig. Um dies zu erreichen, löst er alle persönlichen Bindungen; sein Ego ist aufgelöst, und er wird zu Nichts; ihm sind Glück und Kummer eins; er vergibt jenen, die sich gegen ihn vergehen, während er nach der Vergebung der Welt für seine eigenen Fehler lechzt; er lebt in Zufriedenheit; Mir übergibt er Geist und Verstand, sein Alles. Nie ruft er Not und Furcht bei anderen hervor; er selbst kennt keine Not und Furcht durch andere. Mein Jünger ist frei von Freude und Leid, Lust und Schmerz. Er hat keine Wünsche, er ist rein, tüchtig und weise. Er hat alle ehrgeizigen Vorhaben aufgegeben. Er steht zu seinen Entschlüssen, verzichtet auf ihre guten oder schlechten Früchte. Er bleibt unbekümmert. Ein solcher kennt weder Feinde noch Freunde, ist jenseits von Ehre oder Schande.

»In Ruhe und Frieden lebt er für sich, wie allein, zufrieden womit auch immer und bleibt stets gelassen, ganz gleich, was um ihn sich ereignet. Wer in dieser Weise lebt, voll des Glaubens, ist mein geliebter Jünger.«*

Young India, 13. November 1930

* Vgl. Mylius, a. a. O., S. 84.

30 · Sänger der *Gita*

Die Leser des *Harijan* wissen, was die *Gita* mir bedeutet. Ich habe das Auswendiglernen solcher Werke immer als sehr wünschenswert betrachtet. Ich selbst war allerdings nie in der Lage, alle Gesänge der *Gita* auswendig zu lernen, obwohl ich mehrere Versuche unternommen habe. Ich weiß, daß ich sehr schlecht memorieren kann. Begegne ich also jemandem, der die *Gita* auswendig kann, hat er oder sie meine Hochachtung. Auf meiner Reise durch Tamilnadu habe ich bereits zwei solche Personen kennengelernt – einen Herrn in Madura und eine Dame in Devakotta. Der Herr aus Madura ist ein unbekannter Geschäftsmann, und bei der Dame handelt es sich um Parvatibai, eine Tochter des verstorbenen Richters Sadashiva Iyer, der zu seinen Lebzeiten einen alljährlichen Preis für die Person stiftete, die die *Gita* am besten aus dem Gedächtnis rezitieren konnte. Dennoch möchte ich darauf hinweisen, daß die bloße Rezitation an sich noch kein Ziel ist. Sie sollte lediglich die Versenkung in die *Gita* und die Aneignung ihrer Botschaft unterstützen. Mit Geduld kann man sogar einem Papagei beibringen, sie auswendig aufzusagen. Dennoch wäre er dadurch nicht weiser. Ein Sänger der *Gita* sollte sein, was der Autor von ihm erwartet – ein Yogi im weiteren Sinne. Sie fordert von ihren Anhängern Ausgewogenheit in allen Gedanken, Worten und Werken und vollkommene Harmonie zwischen den dreien. Der, dessen Sprache und Tun nicht im Einklang mit seinen Gedanken stehen, ist ein Schwindler oder ein Heuchler.

Harijan, 2. Februar 1934

31 · Das Ideal der *Gita*

Gandhi an die Bewohner des Sabarmati-Ashram:

Ich bin ein Anhänger der *Gita* und stehe fest im Glauben an das unerbittliche Gesetz des Karma. Nicht einmal das kleinste Stolpern oder Wanken ist ohne Ursache, und ich frage mich, wie jemand, der sich bemüht, der *Gita* in Gedanken, Worten und Werken zu folgen, überhaupt ein Leiden haben kann. Die Ärzte haben mir versichert, daß mein hoher Blutdruck nur das Resultat geistiger Anstrengung und Sorge sei. Wenn das stimmt, muß ich mich unnötig gesorgt, unnötig aufgeregt und heimlich Leidenschaften wie Zorn, Lust etc. gehegt haben. Der Umstand, daß jedes Ereignis trotz meiner ernsthaften Bemühungen meine geistige Ausgeglichenheit stören kann, heißt nicht, daß das Ideal der *Gita* mangelhaft ist, sondern beweist die Mangelhaftigkeit meiner Hingabe. Das Ideal der *Gita* ist allzeit wahr, mein Verständnis und meine Befolgung ihrer Lehren sind voller Mängel.

Harijan, 29. Februar 1936

Das Ziel weicht vor uns zurück. Je weiter der Fortschritt, desto größer die Erkenntnis unserer Unwürdigkeit. Befriedigung liegt in der Anstrengung, nicht im Erreichen. Vollkommene Anstrengung ist vollkommener Sieg.

Young India, 9. März 1922

32 · Gewaltlosigkeit

Wenn eine Person behauptet, gewaltlos zu sein, wird von ihr erwartet, auf keinen, der sie verletzt, zornig zu sein. Sie wird ihm nichts Böses wünschen, sondern nur Gutes; sie wird ihn nicht verfluchen; sie wird ihm keine physischen Schmerzen zufügen. Sie wird alle Verletzungen erdulden, denen sie durch den Peiniger unterworfen ist. Mithin ist Gewaltlosigkeit vollkommene Unschuld. Vollkommene Gewaltlosigkeit ist die völlige Abwesenheit von Übelwollen gegen jedwedes Leben. Dies schließt sogar nicht-menschliches Leben ein, selbst lästige Insekten oder Tiere. Sie wurden nicht geschaffen, um unsere zerstörerischen Neigungen zu befriedigen. Wenn wir nur den Geist des Schöpfers verstünden, würden wir ihren richtigen Platz in der Schöpfung erkennen. Gewaltlosigkeit in ihrer aktiven Gestalt ist demnach Wohlwollen gegenüber allem, was lebt. Sie ist reine Liebe. Ich lese sie in den hinduistischen Schriften, in der *Bibel*, im *Koran*.

Gewaltlosigkeit ist ein vollkommener Zustand. Sie ist das Ziel, auf das die ganze Menschheit naturgemäß, wenngleich unbewußt, zustrebt. Wenn der Mensch die Unschuld in sich verkörpert, wird er nicht göttlich, sondern erst wahrhaft menschlich. In unserem gegenwärtigen Zustand sind wir teils Mensch und teils Tier und behaupten in unserer Unwissenheit und sogar Arroganz, uns unserer Spezies entsprechend zu verhalten, wenn wir einen Schlag mit einem Schlag erwidern und das für diesen Zweck erforderliche Ausmaß von Zorn entwickeln. Wir reden uns ein, Vergeltung sei das Gesetz unseres Daseins, wohingegen wir in jeder Schrift finden, daß Vergeltung nicht Pflicht ist, sondern bestenfalls zulässig. Beherrschung ist Pflicht. Vergeltung ist eine Schwäche, die genaue Regulierung verlangt. Beherrschung ist das Gesetz unseres Daseins. Denn höchste Vollkommenheit ist ohne äußerste Beherrschung nicht erreichbar. Mithin ist Leiden das Kennzeichen des menschlichen Geschlechts.

33 · Spannungen zwischen Hindus und Muslimen. Ursachen und Heilmittel

Mein Anspruch, Hindu zu sein, wird von einigen zurückgewiesen, weil ich an Gewaltlosigkeit in ihrer äußersten Form glaube und sie befürworte. Man behauptet, ich sei ein verkappter Christ. Allen Ernstes hat man mir schon gesagt, ich würde die *Gita* verzerren, indem ich diesem großen Gedicht die Botschaft von unverfälschter Gewaltlosigkeit zuschreibe. Einige meiner hinduistischen Freunde erklären mir, daß die *Gita* uns unter gewissen Umständen die Pflicht auferlege zu töten. Ein hochgelehrter Shastri wies neulich meine Deutung der *Gita* verächtlich zurück. Es gebe keinerlei Berechtigung für die Meinung einiger Kommentatoren, daß die *Gita* den ewigen Kampf zwischen den Kräften des Guten und Bösen darstelle und uns dazu verpflichte, alles Böse in uns ohne Zögern und ohne Schwäche zu tilgen.

Ich schildere diese Haltung gegen die Gewaltlosigkeit so ausführlich, weil es notwendig ist, sie zu verstehen, wenn wir die Lösung, die ich anzubieten habe, verstehen wollen.

Was ich heute um mich herum sehe, ist eine Reaktion auf die Ausbreitung von Gewaltlosigkeit. Ich fühle eine Welle der Gewalt kommen.

Meine Religion ist einzig eine Sache zwischen meinem Schöpfer und mir. Als Hindu werde ich immer Hindu sein, selbst wenn ich von der gesamten hinduistischen Bevölkerung verstoßen würde. Wieder weise ich darauf hin, daß Gewaltlosigkeit das Ziel aller Religionen ist.

Aber diese äußerste Form der Gewaltlosigkeit habe ich Indien niemals dargelegt, jedoch nur, weil ich mich nicht für geeignet halte, diese uralte Botschaft zu übermitteln. Wenngleich mein Verstand sie völlig erfaßt und begriffen hat, ist sie nicht zu einem Teil meines ganzen Seins geworden. Meine Stärke ist es, nichts von den Menschen zu fordern, was ich nicht wiederholt in meinem eigenen Leben zu erreichen versucht habe. Heute bitte ich also meine Landsleute, die Gewaltlosigkeit als ihr letztes Glaubensbekenntnis anzunehmen, um die Beziehungen zwischen den verschiedenen Gruppen zu regeln und um Svaraj zu erlangen. Hindus und Muslime, Christen, Sikhs und Parsen dürfen ihre Differenzen nicht mit Gewalt austragen. Svaraj ist nur mit gewaltlosen Mitteln zu erlangen. Damit präsentiere ich Indien keine Waffe der Schwachen, sondern eine der Starken. Hindus und Muslime fordern immer wieder, es dürfe keinen religiösen Zwang geben. Doch was ist es anderes als religiöser Zwang, wenn cin Hindu einen Muslim tötet, um eine Kuh zu retten? Das ist, als wolle man einen Muslim mit Gewalt zum Hinduismus bekehren. Ebenso ist es doch nichts anderes als Zwang, wenn Muslime Hindus mit Gewalt daran zu hindern versuchen, Musik vor einer Moschee zu spielen. Tugend liegt in einer Versenkung ins Gebet trotz Lärm und Krach. Die Nachwelt wird uns alle zu ungläubigen Wilden erklären, wenn wir mit diesen fruchtlosen Anstrengungen fortfahren, einander unsere religiösen Vorbehalte aufzuzwingen. Noch einmal: Eine Nation von 300 Millionen Menschen sollte sich schämen, zu gewalttätigen Mitteln greifen zu müssen, um einhunderttausend Engländer zum Abzug zu bewegen. Wir brauchen keine Waffengewalt, um sie zu überzeugen, ja nicht einmal, um sie aus dem Land zu jagen, wenn ihr das wollt. Alles, was wir dazu brauchen, ist Willenskraft. Ohne das letztere werden wir auch das erstere nie erreichen. Erst wenn wir genug Willenskraft entwickeln, werden wir herausfinden, daß wir keine Waffen brauchen.

Die Anerkennung von Gewaltlosigkeit ist daher die natürlichste und notwendigste Bedingung unserer nationalen Existenz. Sie wird uns lehren, mit unserer gemeinsamen physischen Stärke hauszuhalten für einen besseren Zweck, statt sie, wie wir es jetzt tun, in einem nutzlosen Bruderstreit zu vergeuden, bei dem jede der Parteien sich nur verausgabt. Jeder bewaffnete Aufstand, der nicht von der ganzen Nation gestützt ist, wäre ein Akt des Wahnsinns. Doch fast jeder Aspekt der Nichtzusammenarbeit (non-cooperation), hinter dem die ganze Nation steht, kann das Ziel erreichen, ohne daß ein Tropfen Blut vergossen wird.

Young India, 29. Mai 1924

34 · Übertritt nicht gestattet

Die englische Presse enthält unter vielen anderen erbaulichen Themen auch die Nachricht, daß Miss Slade, die im Ashram als Mirabai bekannt ist, zum Hinduismus übergetreten sei. Ich darf sagen, daß sie dies nicht getan hat. Ich hoffe sogar, sie ist eine bessere Christin als bei ihrem Einzug in den Ashram vor vier Jahren. Sie ist kein Mädchen im zarten Alter mehr, sondern über dreißig, und ist ganz allein durch Ägypten, Persien und Europa gereist, wo sie sich mit Bäumen und Tieren angefreundet hat. Ich hatte das Privileg, mich um muslimische, parsische und christliche Minderjährige zu kümmern. Niemals wurde ihnen nahegelegt, zum Hinduismus überzutreten. Statt dessen wurden sie dazu ermuntert und angehalten, ihre eigenen Schriften zu achten und zu lesen. In unserem Ashram sind heute mehrere Glaubensrichtungen repräsentiert. Missionierung wird weder praktiziert noch gestattet. Wir erkennen an, daß alle diese Religionen wahr und von Gott offenbart sind und alle durch die notwendigerweise unvollkommene Handhabung durch unvollkommene Menschen gelitten haben. Miss Slade trägt keinen hinduistischen Namen, sondern einen indischen. Sie bekam ihn auf eigene Veranlassung und zu ihrer Bequemlichkeit.

Young India, 20. Februar 1930

35 · Von der Gleichheit der Religionen

Im Hinduismus ist genügend Platz für Jesus, ebenso wie für Mohammed, Zoroaster und Moses. Für mich sind die verschiedenen Religionen schöne Blumen aus demselben Garten oder Äste desselben majestätischen Baumes. Daher sind sie alle gleich wahr, obwohl sie durch unvollkommene menschliche Werkzeuge empfangen und ausgelegt wurden. Es ist mir unmöglich, mich mit einer Missionierung zu versöhnen, wie sie heutzutage in Indien und andernorts praktiziert wird. Sie ist ein Irrtum und vielleicht das größte Hindernis auf dem Weg der Welt zum Frieden. Der Ausdruck »Streitende Glaubensbekenntnisse« beschreibt einen blasphemischen Zustand und damit genau die Lage der Dinge in Indien, der Mutter der Religionen, denn so sehe ich dieses Land. Wenn Indien wirklich ihre Mutter ist, steht ihre Mutterschaft auf dem Prüfstand. Warum sollte ein Christ einen Hindu zum Christentum bekehren wollen und umgekehrt? Warum ist er nicht damit zufrieden, wenn der Hindu ein guter und gottesfürchtiger Mensch ist? Wo die Moral eines Menschen keine Rolle spielt, ist auch der Gottesdienst – ob in einer Kirche, einer Moschee oder einem Tempel – eine leere Zeremonie; sie kann sogar ein Hindernis für individuelle oder gesellschaftliche Entwicklung sein, und das Beharren auf besonderen Formen oder Ritualen kann zu einer mächtigen Ursache für gewalttätige Auseinandersetzungen werden, die zu Blutvergießen führen und in der totalen Verneinung von Religion, das heißt Gottes, enden.

Harijan, 30. Januar 1937

36 · Von der Gleichheit der Religionen

C. F. Andrews: »Was würden Sie einem Mann sagen, der nach intensivem Nachdenken und Beten überzeugt ist, ausschließlich im Christentum Frieden und Erlösung finden zu können?«

Gandhi: »Wenn ein Nicht-Christ, beispielsweise ein Hindu, mit dieser Aussage zu einem Christen käme, sollte dieser ihm raten, lieber ein guter Hindu zu werden, als sein Heil in einem Glaubenswechsel zu suchen.«

C. F. A.: »Ich kann das nicht in aller Ausführlichkeit mit Ihnen durchgehen, aber Sie kennen meine persönliche Einstellung. Die Überzeugung, daß es keine Erlösung außer durch Christus gibt, habe ich längst verworfen. Aber nehmen wir mal an, die Oxford Group hätte das Leben Ihres Sohnes verändert, und er verspürte nun den Drang, seinen Glauben zu wechseln. Was würden Sie dazu sagen?«

Gandhi: »Ich würde sagen, daß die Oxford Group so viele Leben verändern kann, wie sie will, aber nicht die Religion der Leute. Sie kann deren Aufmerksamkeit auf das Beste in ihren jeweils eigenen Religionen lenken und ihr Leben verändern, indem sie sie zu einem entsprechenden Lebenswandel ermuntert. Ein Mann, der Sohn brahmanischer Eltern, kam zu mir und sagte, die Lektüre Ihres Buches habe ihn zum Christentum bekehrt. Ich fragte ihn, ob er die Religion seiner Vorfahren für falsch halte. ›Nein‹, sagte er. Darauf fragte ich ihn: ›Worin liegt für dich die Schwierigkeit, die Bibel als eines der großen religiösen Bücher der Welt anzuerkennen und Jesus als einen der großen Lehrer?‹ Ich sagte ihm, daß Sie in Ihren Büchern nie einen Inder aufgefordert haben, die *Bibel* zur Hand zu nehmen und zum Christentum überzutreten, und er Ihr Buch mißverstanden habe – falls Ihre Haltung nicht der des verstorbenen M. Mahomed Alis entspricht, der da sagte, daß ein ›gläubiger Muslim mit schlechtem Lebenswandel immer noch besser ist als ein guter Hindu‹.«

C. F. A.: »Ich teile keineswegs die Meinung von M. Mahomed Ali. Dennoch bin ich der Ansicht, daß man sich einem Mensch, der sich ehrlich nach einem Glaubenswechsel sehnt, nicht in den Weg stellen sollte.«

Gandhi: »Aber sehen Sie nicht, daß Sie ihm gar keine Chance lassen? Sie nehmen ihn ja nicht einmal ins Kreuzverhör. Nehmen Sie an, ein Christ käme zu mir und sagte, die Lektüre der *Bhagavadgita* habe ihn derart gefesselt, daß er Hindu werden wolle. Ich würde zu ihm sagen: ›Nein, denn das, was die *Bhagavadgita* zu bieten hat, bietet auch die *Bibel*. Du hast noch keinen Versuch gemacht, es herauszufinden. Versuch es, und sei ein guter Christ.‹«

C. F. A.: »Ich weiß nicht. Wenn jemand ernsthaft erklärt, er möchte ein guter Christ werden, würde ich es ihm gestatten. Obwohl ich, wie Sie wissen, in meinem Leben schon einigen feurigen Enthusiasten stark abgeraten und gesagt habe: ›Das tun Sie ganz bestimmt nicht auf *meine* Veranlassung.‹ Andererseits entspricht es der menschlichen Natur, sich einen konkreten Glauben zu ersehnen.«

Gandhi: »Wenn eine Person an die *Bibel* glauben möchte, soll sie es ruhig sagen, aber warum sollte sie ihre eigene Religion ablegen? Diese Übertritte bedeuten, es wird keinen Frieden auf der Welt geben. Religion ist eine sehr persönliche Angelegenheit. Indem wir leben, so gut wir es eben verstehen, sollten wir das Beste miteinander teilen und so die Summe der menschlichen Anstrengungen, Gott näherzukommen, vergrößern.

Überlegen Sie, ob Sie eine Haltung gegenseitiger Toleranz oder die Gleichheit aller Religionen vertreten. Meiner Meinung nach sind alle großen Religionen grundsätzlich gleich. Wir müssen die gleiche natürliche Achtung vor anderen Religionen haben wie vor unserer eigenen. Wohlgemerkt, nicht gegenseitige Toleranz, sondern die gleiche Achtung.«

Harijan, 28. November 1936

37 · Die Einstellung der christlichen Mission zum Hinduismus

Ich fürchte, daß christliche Freunde, auch wenn sie es heutzutage nicht mehr aussprechen oder zugeben, den Hinduismus für unwahr halten und tief im Innern die Überzeugung hegen, der Hinduismus sei ein Irrtum und das Christentum die einzig wahre Religion. Anders kann man den Appell der Church Missionary Society* nicht deuten – schätzen kann man ihn noch weniger –, aus dem ich vor einigen Tagen auf diesen Seiten einige entlarvende Auszüge wiedergegeben habe. Einen Angriff auf die Unberührbarkeit und andere Irrlehren, die sich ins hinduistische Leben eingeschlichen haben, könnte man noch verstehen. Und ein Hilfsangebot, die zugegebenen Mißstände abzuschaffen und unsere Religion zu reinigen, würden wir als wertvolle Aufbauarbeit dankbar annehmen. Doch soviel ich den gegenwärtigen Bestrebungen entnehme, geht es darum, den Hinduismus von Grund auf zu entwurzeln und ihn durch einen anderen Glauben zu ersetzen. Dies gleicht dem Versuch, ein Haus zu zerstören, das, obwohl dringend reparaturbedürftig, seinem Bewohner recht anständig und bewohnbar erscheint. Kein Wunder, daß er jene willkommen heißen wird, die ihm zeigen, wie man es repariert, oder sogar anbieten, es zu tun. Jenen jedoch, die das Haus zerstören wollen, das ihm und seinen Vorfahren schon so lange

* Die Auszüge aus dem von der Church Missionary Society of England herausgegeben Appell wurden in der *Harijan*-Ausgabe vom 26. Dezember 1936 abgedruckt.

so gut gedient hat, wird er mit Entschiedenheit entgegentreten, falls er, der Bewohner, nicht ebenfalls überzeugt wäre, daß sein Haus nicht mehr zu reparieren und als menschliche Behausung ungeeignet sei. Wenn die christliche Welt eine solche Auffassung vom Hindu-Haus hat, sind Worte wie ›Parlament der Religionen‹ und ›Internationale Gemeinschaft‹ leere Phrasen. Denn beide Begriffe setzen einen Zustand der Gleichheit voraus, eine gemeinsame Ebene. Eine gemeinsame Ebene kann es jedoch zwischen Unterlegenen und Überlegenen oder Erleuchteten und Unerleuchteten, Wiedergeborenen und Nicht-Wiedergeborenen, Hochgeborenen und Niedriggeborenen, Kastenangehörigen und Kastenlosen nicht geben. Meine Vergleiche mögen mangelhaft sein, vielleicht sogar beleidigend klingen. Meine Argumentation mag nicht stichhaltig sein. Dennoch bleibe ich dabei.

Harijan, 13. März 1937

38 · Von der Gleichheit der Religionen

Ein Besucher, der neulich hier war, fragte Gandhi, was er meinte, als er davon sprach, daß alle Religionen nicht nur wahr, sondern auch gleich seien. Aus wissenschaftlicher Sicht erschien es ihm schwerlich korrekt zu behaupten, alle Religionen seien gleich. Würde dies nicht sofort Vergleiche zwischen Animisten und Theisten auf den Plan rufen?

»Ich würde sagen, es hat keinen Sinn, einzelne Religionen zu vergleichen. Es sind verschiedene Wege. Meinen Sie, wir könnten die Sache mit anderen Begriffen klären?«

Gandhi antwortete: »Sie haben recht, sie lassen sich nicht vergleichen. Aber sogar daraus läßt sich ableiten, daß sie gleich sind. Alle Menschen sind frei und gleich geboren, aber der eine ist viel stärker oder schwächer als der andere, körperlich und geistig. Daher herrscht, oberflächlich betrachtet, keine Gleichheit zwischen den beiden. Dennoch gibt es eine grundsätzliche Gleichheit. In unserer Nacktheit wird Gott mich nicht als Gandhi und Sie nicht als Keithahn erkennen. Und was sind wir in diesem mächtigen Universum? Wir sind weniger als Atome, und es hat keinen Sinn zu fragen, welches kleiner und welches größer ist. Von Natur aus sind wir gleich. Die Unterschiede von Rasse und Hautfarbe, Geist und Körper, von Klima und Nation sind vergänglich. Mithin sind im wesentlichen auch alle Religionen gleich. Wenn man den *Koran* liest, muß man es mit den Augen eines Muslims tun; die *Bibel* muß man mit den Augen eines

Christen lesen; und die *Gita* mit den Augen eines Hindus. Worin besteht der Sinn, Einzelheiten hervorzuheben, um eine Religion dann lächerlich zu machen? Nehmen Sie das erste Kapitel der Genesis oder Matthäus. Wir lesen einen langen Stammbaum, und am Ende wird uns gesagt, Jesus wurde von einer Jungfrau geboren. Man steht wie vor einer Mauer. Also muß ich das alles aus dem Blickwinkel eines Christen lesen.«

»Außerdem«, sagte der Gast, »stellt sich selbst für uns in der *Bibel* die Frage nach Moses und Jesus. Müssen wir sie auch als gleich ansehen?«

»Ja«, sagte Gandhi. »Alle Propheten sind gleich. Diese Ebene ist horizontal.«

»Wenn wir in Einsteins Kategorien von Relativität denken, sind alle gleich. Aber ich kann diese Gleichheit nicht richtig ausdrücken.«

»Deshalb sage ich, sie sind gleich wahr und gleich unvollkommen. Je feiner man die Linie zieht, desto näher kommt sie an Euklids breitenlose wahre Linie heran, aber dennoch ist sie nie eine wahre Linie. Das gleiche ist es mit dem Baum der Religionen, es gibt keine physische Gleichheit zwischen den Ästen. Sie wachsen alle, und die Person, die zu einem wachsenden Ast gehört, darf sich nicht daran weiden und sagen: ›Meiner ist der überlegene.‹ Keiner ist dem anderen überlegen, keiner unterlegen.«

Harijan, 13. März 1937

39 · Gandhi und die unterdrückten Klassen

Ich habe immer behauptet ein Sanatani-Hindu zu sein. Es ist nicht so, daß ich die Schriften gar nicht kenne, aber ich bin kein großer Sanskritgelehrter und habe die *Veden* und die *Upanishaden* nur in Übersetzung gelesen. Also habe ich mich nicht wissenschaftlich mit ihnen auseinandergesetzt. Meine Kenntnisse sind also keineswegs profund, aber ich habe mich mit den Schriften beschäftigt, wie es sich für mich als Hindu gehört, und behaupte, ihren wahren Geist erfaßt zu haben. Bereits mit einundzwanzig Jahren habe ich mich auch mit anderen Religionen befaßt.

Es gab eine Zeit, in der ich zwischen dem Hinduismus und dem Christentum schwankte. Als ich mein geistiges Gleichgewicht wiederfand, erkannte ich, daß Befreiung für mich nur durch die hinduistische Religion möglich war, und mein Glaube an den Hinduismus wurde tiefer und erleuchteter.

Schon damals jedoch bezweifelte ich, daß der Gedanke der Unberührbarkeit ein Teil des Hinduismus ist, und mir war klar, daß dies nicht meine Art des Hinduismus war.

Es stimmt, im Hinduismus gilt Unberührbarkeit nicht als Sünde. Ich möchte in keinen Disput über die Auslegung der *Shastras* geraten. Es würde mir gewiß schwerfallen, meine Überzeugung mit Zitaten aus Quellen wie *Bhagavata* oder *Manusmriti* zu belegen. Dennoch behaupte ich, den Geist des Hinduismus erfaßt zu haben. Der Hinduismus hat gesündigt, indem er sich die Idee der Unberührbarkeit zu eigen machte. Er hat uns herabgesetzt und zu Parias des Empires gemacht. Sogar die Muslime haben sich mit unserer Sünde angesteckt und sind in Südafrika, Ostafrika und Kanada nicht anders als Hindus zu Parias geworden. Alles Übel resultiert aus der Sünde der Unberührbarkeit.

Young India, 27. April 1921

40 · Die Sünde der Unberührbarkeit

Unberührbarkeit ist kein heiliges religiöses Gebot, sondern eine Erfindung des Satans. Der Teufel zitiert immer die Schriften. Doch Schriften reichen nicht über die Vernunft und die Wahrheit hinaus. Sie sind dazu gedacht, die Vernunft zu reinigen und die Wahrheit zu beleuchten. Ich werde kein makelloses Pferd verbrennen, nur weil die *Veden* dieses Opfer angeblich anrieten, duldeten und billigten. Für mich sind die *Veden* göttlich und ungeschrieben. »Buchstaben töten.« Es ist der Geist, der das Licht bringt. Und der Geist der *Veden* ist Reinheit, Wahrheit, Unschuld, Keuschheit, Demut, Einfachheit, Vergebung, Frömmigkeit und alles, was Männer und Frauen edel und tapfer macht. Es ist jedoch weder edelmütig noch tapfer, die große und klaglose Masse der Kastenlosen unserer Nation übler zu behandeln als Hunde, sie zu verachten und anzuspeien.

Young India, 19. Januar 1921

41 · Wöchentlicher Brief

Meine Meinung zur Unberührbarkeit ist keine Folge meiner westlichen Ausbildung. Gebildet hatte ich sie mir lange bevor ich nach England ging und lange bevor ich mich mit den Schriften beschäftigte, und zwar in einer Atmosphäre die solchen Ansichten keineswegs zuträglich war. Obwohl ich aus einer Familie orthodoxer Vishnuiten stamme, stand ich, seit ich das Alter persönlicher Willensbildung erreicht hatte, kompromißlos zu meinen Ansichten, die sich später durch das vergleichende Studium des Hinduismus und durch Erfahrung bestätigten. Es ist mir unbegreiflich, warum wir trotz des Umstands, daß keine Schrift einen fünften Varna erwähnt, und des ausdrücklichen Befehls in der *Gita*, einen Brahmanen und einen Bhangi als gleich zu betrachten, an dieser Schande des Hinduismus festhalten. Einen Brahmanen und einen Bhangi als gleich anzusehen bedeutet nicht, einem wahren Brahmanen die ihm zustehende Achtung zu verweigern. Es heißt jedoch, daß sowohl Brahmane auch als Bhangi Anspruch auf unsere Dienste haben, daß wir dem Bhangi das gleiche Recht zugestehen, seine Kinder auf öffentliche Schulen zu schicken, öffentliche Tempel zu besuchen, öffentliche Brunnen zu benutzen etc., und das auf der gleichen Grundlage, auf der jeder andere Hindu auch in den Genuß dieser Rechte kommt.

Young India, 17. Februar 1927

42 · Das tausendköpfige Ungeheuer

Der Autor eines Briefes fragt: »Glauben Sie, daß das Verbot von Berührung und Blick vedischen Ursprungs ist?«

Auch wenn ich nicht mit der Autorität des Wissens aus erster Hand sprechen kann, habe ich doch vollstes Vertrauen in die Reinheit der *Veden* und zögere nicht zu behaupten, daß die Sünde der Berührung und die des Anblicks keine Grundlage in den *Veden* haben. Ich würde jedoch hinzufügen, daß alles, was mit moralischem Empfinden unvereinbar ist, selbst wenn man ihm einen vedischen Ursprung zuschreibt, durchweg als dem Geist der *Veden* und der fundamentalen Ethik widersprechend abzulehnen ist.

Die nächsten Fragen lassen sich wie folgt zusammenfassen:

»Glauben Sie nicht, daß der *Karmakanda* sich auf die Gesetze des Magnetismus stützt und die Unberührbarkeit sowie die Unreinheit von Geburt und Tod dazu in Beziehung stehen? Könnten nicht die diesbezüglichen Vorschriften zur Reinigung des Geistes dienen?«

Sollte das ihre Absicht sein, besitzen sie einen gewissen relativen Wert. Aber die *Veden*, die *Upanishaden*, die *Puranas* und all die anderen *Shastras* sowie die anderen Religionen der Welt verkünden unmißverständlich, daß die Reinigung des Geistes ein innerer Vorgang ist und daß der Magnetismus, der durch eine Interaktion physikalischer Körper erzeugt wird, nichts ist gegen die erhabene

Anziehungskraft von Geist auf Geist. Äußerliche Reinigungsrituale hingegen zerstören Seelen, wenn sie den Menschen dazu bringen, sich Überlegenheit über seine Mitmenschen anzumaßen und diese buchstäblich wie Tiere oder noch schlechter zu behandeln.

Vorschriften müssen der Vernunft zugänglich sein, und niemals darf man es ihnen gestatten, den Geist zu erdrücken. Es hat sich gezeigt, wie schädlich sich die Gebote der Unberührbarkeit auf ein geistiges Wachstum auswirken. Sie widersprechen allem, was im Hinduismus gut und edel ist.

Young India, 3. Oktober 1929

43 · Dr. Ambedkars Klage

Die Leser werden sich erinnern, daß Dr. Ambedkar im vergangenen Mai bei der alljährlichen Jat Pat Torak Mandal-Konferenz in Lahore den Vorsitz führen sollte. Dann wurde die Konferenz abgesagt, weil das Empfangskomitee Dr. Ambedkars Ansprache inakzeptabel fand.

Dr. Ambedkar wollte sich dem Empfangskomitee nicht beugen und reagierte mit einer Veröffentlichung der Ansprache auf eigene Kosten. Sie kostet acht Annas. Ich würde eine Preisminderung auf zwei oder zumindest vier Annas vorschlagen.

Kein Reformer kann diese Ansprache ignorieren. Die Orthodoxen können von ihrer Lektüre profitieren. Das heißt nicht, daß die Ansprache nicht für Einwände offen, nicht anfechtbar ist. Sie muß gelesen werden, gerade wegen ihrer Offenheit für ernsthafte Einwände. Dr. Ambedkar fordert den Hinduismus heraus. Von einem hinduistischen Herrscher als Hindu erzogen, sind ihm die sogenannten Savarna-Hindus wegen der Behandlung, die er und die Seinen von ihnen erfahren haben, derart zuwider geworden, daß er nicht nur sie hinter sich lassen möchte, sondern auch die Religion, die sein und ihr gemeinsames Erbe ist. Er hat seinen Abscheu vor einem Teil seiner Lehrer auf den Hinduismus übertragen.

Verwunderlich ist dies allerdings nicht. Schließlich kann man Systeme und Institutionen lediglich nach dem Verhalten ihrer Repräsentanten beurteilen. Dr. Ambedkar findet, daß die große Mehrheit der Savarna-Hindus sich nicht nur unmenschlich gegen ihre Religionsbrüder verhält, die sie als Unberührbare einstufen, sondern dieses Verhalten auch noch durch ihre Schriften legitimiert. Als er darin suchte, entdeckte er ausgedehnte Rechtfertigungen des Glaubens an die Unberührbarkeit und alles damit Verbundene. Der Autor der Ansprache zitiert zahlreiche Kapitel und Verse, um seine dreifache Anklage zu untermauern. Sie lautet: Unmenschliches Verhalten, dessen schamlose Rechtfertigung seitens der Täter und die Bestätigung dieser Rechtfertigung in den Schriften der Täter.

Harijan, 11. Juni 1936

verhält, die sie als Unbedingtes [illegible], sondern die [illegible] Verhältnissen [illegible] durch die [illegible] [illegible] [illegible] [illegible] Recht [illegible] [illegible] die [illegible] und alles [illegible] [illegible] [illegible] [illegible] [illegible] [illegible] Verhältnisses, des [illegible] [illegible] des Täter und [illegible] [illegible] [illegible]

[illegible]

Nachwort

Was ist Hinduimus? – Religionswissenschaftler sind sich einig, daß der Hinduismus nicht *eine* Religion ist wie Judentum, Christentum oder Islam, sondern ein loses, aber dennoch miteinander verflochtenes Bündel von Religionen. Ihr Zusammenhalt ist die gemeinsame Treue zu den heiligen Schriften, den *Veden*, *Upanishaden* und der *Bhagavadgita*, sowie die Integration in einem sozialen System, in das man hineingeboren ist. Wer als Hindu geboren wurde, bleibt gesellschaftlich ein Hindu, auch wenn er die Bindung an religiöse Inhalte ablehnt. Es besteht keine zentrale, von allen religiösen Gemeinschaften, Schulen und Traditionen anerkannte Autorität, die die Schriften bindend interpretiert sowie gesellschaftliche, ethische, politische Richtlinien vorgibt. Die Folge ist, daß alle ins hinduistische Sozialgefüge hineingeborenen Menschen nach Gutdünken aus diesem Angebot für ihr religiös-gesellschaftliches Leben schöpfen. Rituell werden sie ihrer jeweiligen Familientradition treu bleiben, weil diese ohnehin teilweise durch die Kaste und soziale Klasse vorbestimmt ist. Söhne und Töchter aus einer sivaitischen Familie werden Sivaiten bleiben. Familien, die jährlich die Lakshmi-Puja feiern, den Gottesdienst zu Ehren der Göttin Lakshmi, werden diese Tradition an ihre Kinder weitergeben. Und dennoch bleibt eine relative Wahlfreiheit, die sozial anerkannt ist.

Nur so ist es möglich, daß sich Mahatma Gandhi als »Hindu« bezeichnet und sogar die Welt lehrte, was »Hinduismus« ist, obwohl er sich von vielen von der Hindu-

Mehrheit geglaubten und praktizierten Elementen des Hinduismus abgekehrt hatte. Die vorliegende Textesammlung präsentiert darum nicht so sehr, was religionswissenschaftlich und soziologisch »Hinduismus« genannt wird. Vielmehr ist sie Mahatma Gandhis persönliches Glaubenstestament, das er als die Grundlage und Inspirationsquelle für sein aktives Leben unter den Menschen vorstellt. Für Gandhi ist sein Glaubenstestament allerdings identisch mit jener Form des Hinduismus, die die Essenz, das Alte Wahre dieser Religion darstellt und die gleichzeitig auf die Herausforderungen unserer modernen Zeit radikal reagiert. Mit anderen Worten, er empfiehlt seinen Lesern und Zuhörern die von ihm praktizierte und gepredigte Form des Hinduismus als den eigentlichen und zeitgemäßen Hinduismus.

Der europäische Leser hat in dieser Textsammlung eine von vielen Formen des zeitgenössischen Hinduismus vor sich. Es gibt andere Hinduismus-Entwürfe, etwa den von Ramakrishna und Vivekananda, den von Aurobindo, den traditionalistischen des Arya Samaj, den erzkonservativ-politischen von Hindutva, den emotionalen der Krishna-Anhänger, den okkulten der Tantra-Anhänger und manche andere. Der Unterschied zu Gandhis Hinduismus-Entwurf ist, daß jener sich im praktischen Leben auf der persönlichen wie auch auf der gesellschaftlich-politischen Ebene bewährt hat. Mit Hilfe dieser Hinduismus-Praxis hat Gandhi zusammen mit seinen zahlreichen Anhängern dazu beigetragen, daß Indien die politische Unabhängigkeit von den Briten errungen hat.

Kein Hinduismus-Entwurf greift die Probleme und Herausforderungen unserer Epoche mit demselben Ernst und derselben Dringlichkeit auf wie der des Mahatma Gandhi. Nukleare Bedrohung? Überbevölkerung, Umweltbedrohung, soziale Gerechtigkeit, Friedenssehnsucht, Menschenrechte? – Die Krishna-Religion, die Anhänger von Ramakrishna, Aurobindo, des Tantrismus und von Hindutva diskutieren keine Problembewältigungen. Lösungen sind bei ihnen nur indirekt, also nicht unmittelbar ausgesprochen vorhanden. Der Grund liegt in der traditionellen Abkehr des Hinduismus vom sogenannten »weltlichen« Leben. Es gilt, verglichen mit dem spirituellen Leben, als weniger bedeutend, weniger realitätsgesättigt und darum einer ernsten Problembewältigung nicht wert. Probleme des »weltlichen« Lebens sollen spirituell gelöst, das heißt: ertragen und auf diese Weise überwunden werden. Die weltlichen Probleme sind im Grunde Gottes Prüfungen der menschlichen Geduld und spirituellen Stärke. Vereinfachend gesprochen, man soll an ihnen innerlich wachsen, nicht sie lösen. Darum sind angesichts der uns heute bedrängenden Weltprobleme der Neo-Buddhismus, der Islam, das Christentum miteinander im Gespräch; der Hinduismus steuert dagegen keinen originären Beitrag dazu bei.

Mahatma Gandhis Hinduismus-Entwurf jedoch sehe ich als den einzigen an, der diesen Weltproblemen unmittelbar ins Auge blickt. Bei Gandhi gibt es eben keine Zweiteilung der Wirklichkeit in »spirituell« und »weltlich«, in mehr oder weniger »wirklich«. Die gesamte Welt ist vom Gottesgeist durchdrungen, ist Gottes Schöpfung. Das bedeutet, jedes Problem der Menschen – auf gesellschaftlicher, politischer, moralischer wie psychologischer Ebene – ist im Grunde ein spirituelles Problem. Er leitet diese Anschauung von den Eröffnungsversen der *Isho-panishad* ab: »Gott, der Herrscher, durchdringt alles, was da ist, in diesem Universum.« Daraus folgt nach dieser *Upanishad* eben nicht: Darum ist alles gut, solange sich nur die Menschen dieser Allgöttlichkeit inne sind. Sondern daraus folgt der spirituell-moralische Imperativ: »Daher verzichtet auf alles und bringt es Ihm freudig dar, und verwendet den Teil, der euch zufällt. Trachtet nicht nach dem Besitz von anderen« (s. S. 52). Die Menschen sollen aus Ehrfurcht vor dieser Allgöttlichkeit nicht gierig über die Erde herfallen, sondern zurückhaltend nur das zum Leben Notwendige annehmen. Als Reaktion auf die göttliche Gegenwart wird hier das »Weltliche« von der Wurzel her spirituell erfaßt. Mahatma Gandhi hat diese Verse als grundlegend für seine Hinduismus-Auffassung immer wieder erwähnt und interpretiert.

Mohandas Karamchand Gandhi wurde 1869 in dem Städtchen Porbandar in der indischen Provinz Gujarat geboren. Er wuchs im traditionellen und rituellen Sinne streng hinduistisch auf und fühlte sich seit Kindheit an eine moralisch-asketische Lebensweise gebunden, durch die wenig Freude und innere Freiheit strahlt. Strenger Vegetarier und Antiraucher, der er war, verbissen die sexuelle Lust bekämpfend, leidenschaftlich jeder kleinen Lüge und Unaufrichtigkeit ausweichend, scheint er niemals jung und unbeschwert gewesen zu sein. Mit Erstaunen fragt man sich, wie sich ein solcher Mensch zu der »Großen Seele« (Mahatma) entfalten konnte, die in späteren Jahren das verklärte Vorbild für das politische und soziale Wirken junger Menschen in der ganzen Welt wurde. M. K. Gandhi wurde zum Rechtsanwalt ausgebildet. Zum Studium schickte ihn die Familie nach London. Nach einer kurzen, wenig erfolgreichen Laufbahn in Indien zog er nach Südafrika. Dort sollte er eine Handelsfirma seiner Heimat rechtlich vertreten. Er blieb jedoch in Südafrika und wurde, provoziert durch eine Reihe von Zufällen, zu einem wichtigen Sprecher der gesellschaftlich diskriminierten indischen Bevölkerung Südafrikas. Die Zeit in Südafrika wurden seine eigentlichen Lehrjahre. Hier fand er den Mut, der seinem rigorosen Gerechtigkeitsempfinden ebenbürtig war. Hier experimentierte er mit seiner Methode der Gewaltlosigkeit und mit dem Lebensstil, der dazu paßte und der die Gewaltlosigkeit in eine Lebensphilosophie einbettete. Hier lernte er, ein Anführer von Menschenmengen zu sein. Vorher scheute er sich sogar im Gerichtssaal zu sprechen, nun führte er das Wort vor Hunderten. Als M. K. Gandhi 1915 nach Indien zurückkehrte, um dort seinen Kampf für Gerechtigkeit und menschliche Selbstbestimmung fortzusetzen, war er dort kein Unbekannter mehr. Von dem Dichter Rabindranath Tagore wurde er als der »Mahatma« des indischen Volkes ausgerufen.

Gandhis holistische Auffassung vom Hinduismus führte ihn also gemäß der *Isopanishad* dazu, den »weltlichen« Bereich nicht auszugrenzen. Sogar die Politik und die Armutsbekämpfung sind Teil seiner religiösen Bemühung. Politik wurde zur Form der Askese, wurde ein Weg, die Erlösung oder Befreiung der Seele in Gott zu erlangen. Dies war für die hinduistische Glaubenspraxis höchst ungewöhnlich. Bisher hatten Hindu-Asketen die Befreiung immer in der Abkehr von der Gesellschaft, von Beruf und menschlicher Verantwortung gesucht. In Höhlen und Wäldern und Bergen lebten sie, um sich in der Meditation von der seelischen Verhaftung an die »Welt« loszureißen. Gandhi dagegen wollte unter Menschen und im Dienst an den Menschen seine Befreiung erringen. Das war auf geradezu revolutionäre Weise neu im Hinduismus.

Dienst (Seva) an den Menschen gehört nämlich nicht zu den traditionellen Werten im Hinduismus. Der Hinduismus verlangt emphatisch, daß man Vater und Mutter, den Kindern, also dem Familienwohl, diene. Er empfiehlt »Seva« für den Guru und für die Mönche, die die »Welt« aufgegeben haben und für ihren Lebensunterhalt auf die Großzügigkeit der Gesellschaft angewiesen sind. Der Hinduismus nimmt zwar in einem großzügigen kosmischen Schwung alle Menschen, alle Lebewesen in seine ekstatische Gott-Eingenommenheit hinein. Alle sind in Gott und bergen den göttlichen Funken und sind letzten Endes Teil des Göttlichen. Doch diese radikale Schlußfolgerung, daß *darum* der fromme Mensch *allen* Menschen und Lebewesen dienen müsse und für deren Wohl mitverantwortlich ist, hat Mahatma Gandhi in den Hinduismus eingeführt. Gott zeige sich, schreibt er, insbesondere in den »Hilflosen und Geschlagenen«. Mahatma Gandhi nennt diesen Dienst auch »Liebe« und kommt damit ununterscheidbar nahe an die christliche Lehre und Praxis der Nächstenliebe heran. Diese Umformulierung der Wurzeln des Hinduismus ist sein Werk, das in Indien bis heute unwägbar tiefe Folgen hat. Kein Mönchsorden, der sich modern nennt, kann heutzutage diesem praktischen Dienst am Nächsten ausweichen. Sogar die orthodoxen Orden und Guru-Traditionen kümmern sich inzwischen um die allgemeine Bevölkerung. Dies führe ich auf den sozialen Sauerteig des gandhischen und christlichen Gedankenguts zurück.

Gandhi korrigierte auch einige wesentliche Mißstände des Hinduismus. Vor allem lehnte er die Ungleichheit des Kastenwesens ab, jener zutiefst hierarchischen und deshalb ungerechten Aufteilung der Hindu-Gesellschaft. Er nahm sich besonders der niederen Kasten und Kastenlosen an, die er »Harijans« (Kinder Gottes) nannte. Natürlich sprach er sich gegen Kinderheirat und die schlechte Behandlung der Witwen, gegen die Gebote ritueller Reinheit und Unreinheit aus. Gandhi, als Vegetarier aufgewachsen, lehnte Tieropfer in den Tempeln strikt ab. Er selbst empfand die Verehrung Gottes durch Bilder und Statuen als unnötig. Er wohnte keinen rituellen Gottesdiensten und anderen Riten bei. Darum besuchte er keine Tempel, stellte es jedoch seinen Anhängern frei, in Tempeln zu beten. Wer Gott im Menschen erkannt hat, braucht keine Gottesbilder mehr, war seine kompromißlose Erklärung. Mahatma Gandhi ist der »Protestant des Hinduismus«. Ihm waren Gebetsversammlungen mit gemeinsamen Meditationen und Liedern wesentlich, er schätzte sogar einige christliche Kirchenlieder. Er legte wert auf Predigt-Ansprachen und vor allem auf ein Ashram-Gemeinschaftsleben.

Eine zweite wesentliche Folgerung leitete Gandhi aus den Anfangsversen der *Ishopanishad* ab: Dem Gebot, bedürfnislos zu leben, gab Gandhi eine volkswirtschaftliche Dimension. Jene, die mehr besitzen, als sie wirklich brauchen, berauben andere, die weniger haben. Die Mönche reduzieren ihre Bedürfnisse im wesentlichen, um von dem Sog des »Weltlichen« frei zu sein. Gandhi dagegen focht auf diese Art für die soziale Gerechtigkeit im großen gesellschaftlichen Rahmen, was zeigt, wie tief bei ihm Religion in sämtliche Lebensbereiche hineinwirkte.

Nachdem Mahatma Gandhi, wie beschrieben, den herkömmlichen Hinduismus umdefiniert und manche seiner Praktiken verworfen hatte, sah er in ihm eine ideale Religion, die Religion an sich: den Sanatana-Dharma – das ewige Gesetz. Doch hütete sich Mahatma Gandhi, als nächsten Schritt den Hinduismus absolut zu setzen. Er votierte statt dessen für einen echten Pluralismus der Religionen. Der eine Gott ist in jeder Religion präsent. Mit dem Islam und dem Christentum kam Gandhi häufig in Berührung. Er setzte sich mit der ganzen Leidenschaft seines Herzens für eine Verständigung zwischen Hindus und Muslimen ein, deren gegenseitige Feindseligkeit in die Zweiteilung des Landes kurz vor Gandhis Tod mündete. Mit christlichen Missionaren hatte er in Südafrika und in Indien Kontakt. Manche ergriffen Partei für ihn und nannten sein Leben und seine Botschaft zutiefst christlich – berührt vom Geist des hl. Franziskus. Gandhi lehnte ihre Bekehrungsmethoden ab, doch verstand er intuitiv das Christentum tiefer, wesentlicher als viele andere bedeutende Hindu-Persönlichkeiten. Mit ihnen hatte Gandhi gemeinsam, daß ihm an der historischen Gestalt Jesu Christi wenig lag. Für ihn waren die Aussagen der Bergpredigt wichtig, nicht so sehr der Gottmensch, der sie ausgesprochen hatte. Doch wenn sein Blick auf Jesus fiel, dann auf den Menschen. Er nannte Jesus »ein wunderschönes Beispiel [...] eines vollkommenen Menschen«. Gandhi hatte durch seine Praxis der Gewaltlosigkeit gelernt, daß Menschen leidbereit und leidensfähig sein müssen. Deshalb erkannte er in Christus und dessen Passion sein großes Vorbild. Damit wandte sich Gandhi ab von der indischen Tendenz, Jesus Christus zu vergöttlichen und dadurch sein Leid und seinen Tod in den Bereich von Mirakelgeschichten und Mythen zu entheben.

Es ist immer geistig erfrischend und seelisch stärkend, Mahatma Gandhi zu lesen. Er hat das wahr gemacht, wonach wir uns alle sehnen: Wort und Tat in Einklang zu bringen; radikal wahrhaftig zu leben trotz der Hindernisse und Enttäuschungen im Alltag; im Gebet und in der Kontemplation zu leben inmitten intensiver Arbeit. In manchen Bereichen erscheint er uns verbissen, manchmal sogar komisch. Doch die große Linie seines Lebens hat er nie verlassen. Seine Ausdauer, seine Liebe zum Menschen, sein Hindu-Glaube blieben unerschütterlich. Sein Hinduismus kann ohne komplizierte theologische Reflexion und ohne wesentliche theologische Vorbehalte in unseren christlichen Glauben einfließen, ihn befruchten, ihn aufrütteln, ihn in wesentlichen Gebieten sogar wieder zu sich selbst führen.

Martin Kämpchen

Glossar

Adi-Karnataka: niedere Kaste in Südindien.

Adiparva: der erste von achtzehn Teilen des → *Mahabharata*, in dem u. a. die Verwandtschaftsverhältnisse geschildert werden.

Adishankara: der erste → Shankaracharya.

Advaita: »Nicht-Zweiheit«; Advaita Vedanta ist ein philosophisches System, das die Identität des Göttlichen mit der Welt und den Menschen postuliert. Nur das (unpersönliche) Göttliche existiert, und darin ist alles (das Materielle, die Schöpfung, die Lebewesen) enthalten.

Ahalya: im → *Ramayana* Frau des Weisen Gautama, der sie wegen eines Vergehens dazu verdammte, unsichtbar und von Luft zu leben; sie würde durch ihr geduldiges Warten auf Rama erlöst.

Ahimsa: »Nicht-Gewalt«, Gewaltlosigkeit.

Akhara: Versammlungsort; Platz für traditionelles Ringen.

Ambedkar, Dr. Bhimrao Ramji: (1891-1956) Obwohl ein »Unberührbarer«, also kastenlos, konnte Ambedkar Jura studieren und wurde ein Anführer der gesellschaftlich und wirtschaftlich nicht privilegierten Gruppen Indiens, vor allem der niederen Kasten und Kastenlosen. Er arbeitete mit Mahatma Gandhi zusammen. Er wurde einer der Väter der indischen Verfassung. Um seinem niederen sozialen Status zu entkommen, konvertierte er mit zahlreichen Anhängern zum Buddhismus und rief eine neobuddhistische Bewegung mit stark sozialem Engagement ins Leben.

Anekantavada: »Weg der Vieldeutigkeit«; relative Bedeutung philosophischer Aussagen; auch Gott kann auf unterschiedliche Weise benannt werden. Kategorie des Jainismus.

Anekantavadi: jemand, der den → Anekantavada befolgt.

Anugita: Lehrrede Krishnas an Arjuna. Eine Paraphrase der *Bhagavadgita*, die Arjuna zu Beginn des Kampfes zwischen Pandavas und Kauravas vergessen hatte. Teil des → *Mahabharata*, jedoch weniger bedeutend als die *Bhagavadgita*.

Arya Samaj: »Gemeinde der Arier«; 1875 gegründete sozial-religöse, von den Veden inspirierte monotheistische Reformbewegung, die alle anderen Religionen für falsch erklärt und u. a. die Verehrung von Bildnissen bekämpft.

Arjuna: der dritte Sohn der Pandavas, → *Mahabharata;* der Wagenlenker von Krishna, der ihm in der → *Bhagavadgita* das rechte Leben lehrt.

Asana: Körperhaltungen im (Hatha-) Yoga, die zur Körperkontrolle beitragen; nach Patanjali das dritte der acht Glieder des Yoga-Weges zur Befreiung.

Ashramas, die Vier: Die vier Lebensphasen, die ein Hindu nach vedischer Vorstellung durchläuft: 1. Brahmacharya (Jugend, Lehrzeit in spirituellen und weltlichen Dingen, Phase der Enthaltsamkeit), 2. Grihastha (Pflichterfüllung im Familien- und Berufsleben), 3. Vanaprastha (Aufenthalt als Einsiedler im Wald zwecks Meditation), 4. Sannyasa (Wandermönchtum, Befreiung von allen weltlichen Bindungen).

Atman: die göttliche, individuelle Seele in den Lebewesen, oft als das »Selbst« übersetzt.

Avarna: »Nicht-Varna«, das heißt kastenlos; → Varna, Savarna.

Avatara: die Inkarnation eines Gottes in Menschen- oder Tiergestalt; besonders des Hauptgottes → Vishnu.

Avesta: heilige Schrift der Zoroastrier bzw. Parsen, der Legende nach vom Religionsgründer Zarathustra stammend.

Bhagavata-Purana: eines der beliebtesten → *Puranas*. Es schildert u. a die Inkarnationen des Gottes → Vishnu und die Liebesspiele Krishnas mit den Hirtinnen.

Bhagavadgita: »Gesang des Erhabenen«, abgekürzt *Gita*, Teil des → *Mahabharata*. Philosophische Kernschrift des Hinduismus. Ehe es zur großen Entscheidungsschlacht zwischen den verwandten Familien der → Pandavas und Kauravas kam, wurde → Arjuna, einer der Pandava-Brüder, von Zweifeln über den Sinn dieses Kampfes ergriffen. In den achtzehn Gesängen der *B.* belehrt Krishna (als Inkarnation → Vishnus) ihn über die Pflicht zur Tat, zu (religiöser) Erkenntnis und zur Hingabe an Gott. Das andere große Thema der *B.* ist die anzustrebende Einheit von Individual- und Weltseele, von → Atman und → Brahman.

Bhajana: Lied zur Verherrlichung Gottes.

Bhakti: bedingungslose Gottesliebe, wie sie Krishna in der → *Bhagavadgita* fordert. Betonung stark emotionaler Hingabe, ausgedrückt durch Lieder, Litaneien, Prozessionen usw.

Bhangi: Latrinenreiniger, Abdecker, Straßenfeger; gehört zu den »Unberührbaren« in der Hindu-Gesellschaft.

Bose, Sir Jagadish Chandra: (1858-1937) Physiker und Botaniker. Pionier der modernen indischen Naturwissenschaft, Entdecker von Mikrowellen, untersuchte das physiologische Leben der Pflanzen.

Brahman: das absolut Göttliche, das absolut Wirkliche (im Gegensatz zu → Maya).

Brahmane: Angehöriger der Priester-Kaste, der obersten indischen Kaste.

Brahmachari: zölibatär, enthaltsam Lebender; ein Schüler in der ersten Phase der → Vier Ashramas.

Chandala: Angehöriger einer niederen Kaste. → Shankaracharya.

Chaitanya: (1485-1534) Hindu-Heiliger und Gelehrter aus Bengalen, gilt als Inkarnation von → Krishna, den er verehrte. Chaitanya lehrte eine ekstatisch-emotionale Gottesliebe.

Dada Hormuzda: Ahura Mazda, der altiranische, von Zarathustra verkündete einzige Gott.

Dharma: Weltgesetz, das religiös-soziale Gesetz, das für jeden Menschen gilt.

Dhritarashtra: das blinde Oberhaupt der → Kauravas, dem die Schlacht mit den → Pandavas auf dem Schlachtfeld von Kuru beschrieben wird. → *Mahabharata*, *Bhagavadgita*, Kunti.

Duryodhana: ein → Kaurava, ältester Sohn des → Dhritarashtra und erbitterter Feind der → Pandavas im → *Mahabharata.*

Ezhava: hinduistische Schule und Kaste in Kerala.

Gayatri: 1. vedisches Versmaß. 2. hier: heiliger Vers des Rigveda, Gebet an die Sonne als Manifestation des höchsten Gottes. Hindus der drei oberen Kasten sollen die *G.* täglich rezitieren.

Gita: »Gesang«; allgemein übliche Abkürzung für die → *Bhagavadgita.*

Gunas, Trigunas: die drei »Grundeigenschaften«, aus denen alles Geschaffene in unterschiedlicher Vermischung besteht. Nur der absolute Gott (Brahman) ist jenseits der Gunas. Sie sind: Sattva (das Reine und Feinstoffliche; beim Menschen manifestiert durch Ruhe und Gelassenheit), Rajas (das Feurige, Bewegte; manifestiert durch Leidenschaft und Ruhelosigkeit) und Tamas (das Schwere, Unbewegte; manifestiert durch Trägheit und Dummheit). Wer sich von den drei Gunas befreit, hat die materielle Welt überwunden.

Guru: meist spiritueller Lehrer.

Himsa: Gewalt, Schädigung, → Ahimsa.

Ishvara: der persönliche Gott.

Itihasa: Geschichten; Geschichte; die Epen.

Janak(a): mythischer König und Vorbild eines Karma-Yogi, der trotz ständiger Aktivität unter den Menschen wunschfrei und innerlich losgelöst bleibt und auf diese Weise die Erleuchtung erlangt; Beispiel für ein Leben in Gelassenheit trotz Reichtums.

Janmashtami: Krishnas Geburtstag.

Jnani: ein Anhänger des Jnana-Yoga, der Gott durch Schriftstudium und rationale Deduktion zu erkennen versucht, im Gegensatz zum Bhakta (→ Bhakti), der Erlösung durch emotionale Gottesliebe und Hingabe erreichen will.

Kalma: muslimische Formel »Allah ist groß«. Theoretisch genügt es, diese Formel zu sprechen, um zum Islam überzutreten.

Kamadhenu: die himmlische Kuh, die alle Wünsche erfüllt.

Karma: »Tat«, »Taten«. Das Karma-Gesetz postuliert, daß alles Tun und Unterlassen eine Wirkung erzeugt. Die Taten in diesem Leben sind »Früchte« des Karma in einem früheren Leben, die sich wiederum im nächsten Leben auswirken.

Karmakanda: Teil der → *Veden*, in dem Rituale und Zeremonien u. a. zur Reinigung nach Berührung mit verunreinigenden Dingen wie einer Geburt etc. beschrieben sind.

Kauravas: der mit den → Pandavas rivalisierende Klan im → *Mahabharata*.

Kaushalya: Ramas Mutter.

Kshatriya: Kriegerkaste, zweithöchste indische Kaste.

Kunti: Mutter der → fünf Pandava-Brüder. Im Alter begleitet sie ihren Gatten, den blinden König → Dhritarashtra, in eine Einsiedelei, wo sie bei einem Waldbrand getötet werden. → *Mahabharata*

Lila: Spiel; Gottes Verkehr mit den Menschen in der Welt wird als göttliches Spiel bezeichnet. Vor allem bezogen auf den Mythos von Krishna, der im Spiel die Menschen an sich zieht und sie in Liebe an sich bindet. Dazu gehört die Überzeugung, daß die Welt, das göttliche Spielfeld, im Grunde unwirklich, eine von Gott erzeugte Illusion ist.

Lota: kleiner metallener Wasserkrug.

Mahabharata: umfangreiches altindisches Versepos, das im Kern den Kampf zweier verwandter Sippen (→ Kauravas und → Pandavas) zum Thema hat, jedoch von zahlreichen Nebenhandlungen und Nebenfiguren belebt ist. Als legendärer Autor gilt der Seher → Vyasa. Die großen Unterschiede innerhalb des Werkes lassen auf verschiedene Autoren und eine lange Entstehungszeit des *M.* (womöglich ab dem 8. Jh. v. Chr.) schließen.

Malkana: nordindische Muslime, deren Ritus zahlreiche hinduistische Momente beinhaltet. Der → Arya Samaj hatte den Plan, sie zum Hinduismus zu bekehren.

Mandir: Hindu-Tempel.

Mandodari: im → *Ramayana* Ehefrau des Dämonen Ravana und himmlische Tänzerin.

Manusmriti: »Das Gesetzbuch des Manu« enthält Regeln für die hinduistische Gemeinschaft, die auf Manu, einen legendären Stammvater der Menschheit, zurückgehen und nicht mehr Teil der Offenbarungen → Shruti ist, sondern → Smriti.

Maya: von → Brahman hervorgerufene kosmische Täuschung, der zufolge die Welt erscheint.

Moksha: Erlösung, Befreiung von den weltlichen Bindungen.

Narayana: Name des Gottes →Vishnu.

Niyama: Die Tugenden im gesellschaftlich-ethischen Leben als Grundlage für den Yoga-Weg zur Befreiung. Nach Patanjali das zweite der acht Glieder des Yoga-Weges. Die Tugenden heißen: körperliche Reinheit, Zufriedenheit, Selbstkontrolle, Studium der heiligen Schriften, Unterordnung unter den Willen Gottes. → Yama.

Pandavas: der Klan im → *Mahabharata*, der am Ende der Schlacht mit den → Kauravas den Sieg davonträgt. → Arjuna ist einer der fünf Pandava-Brüder. Er empfängt die Lehrrede von Krishna in der → *Bhagavadgita*.

Pandit: hinduistischer Schriftgelehrter, Anrede für einen Brahmanen, der die Schriften kennt.

Prakrit: alte Volkssprache, die im Gegensatz zur Hochsprache, dem Sanskrit, steht.

Pranayama: Nach Patanjali das vierte Glied des Yoga-Weges zur Befreiung: die Atemkontrolle. Sie unterstützt die Konzentration, die Beherrschung von Gefühlen und Vorstellungen und stärkt die körperliche Gesundheit.

Purana: »alt«, Erzählung, Mythen aus alter Zeit. Zweig der altindischen Literatur mit märchenhaftem Charakter, z. B. → *Bhagavata-Purana*. Als ihr Verfasser gilt → Vyasa.

Rajas: eine der drei → Gunas.

Ramachandra: voller Name von Rama, der Hauptgestalt des → *Ramayana*.

Ramanuja: (1055-1137) südindischer Philosoph und Heiliger, Vertreter der → Bhakti-Philosophie.

Ramanama: litaneiartige Anrufung des Namens Rama.

Ramayana: neben dem → *Mahabharata* ältestes und wichtigstes Sanskrit-Epos, dem Dichter Valmiki zugeschrieben. Erzählt wird ausführlich und mit zahlreichen Nebenepisoden die Lebensgeschichte von Rama(chandra), einer Inkarnation von Gott → Vishnu, dessen Gattin Sita von dem Dämonen Ravana geraubt wird. Mit Hilfe seines Bruders Lakshmana und des Affengottes Hanuman kann Rama seine Gattin Sita befreien. Ramas Geburtstadt Ayodhya in Uttar Pradesh (Nordindien) ist heute aufgrund rivalisierender Ansprüche noch immer Anlaß von Auseinandersetzungen zwischen Hindus und Muslimen. → Tulsidas.

Rishi: Seher, mythische Schöpfer der *Veden*.

Sanatana-Hinduismus: »unvergänglicher« Hinduismus. Diese Bezeichnung spielt darauf an, daß der Hinduismus auf keinen Stifter zurückgeht und daher eine »ewige« Wahrheit darstellt, die von → Rishis in ihren Meditationen »gehört« und später aufgeschrieben wurde.

Sanatani-Hindu: ein Vertreter des Sanatana-Hinduismus.

Sati: eine Witwe, die sich zusammen mit dem Leichnam ihres Mannes freiwillig verbrennen läßt; sie gilt als ideale Ehefrau.

Sattva: eine der drei → Gunas.

Satya: Wahrheit, Wahrhaftigkeit.

Satyagraha: »Festhalten an der Wahrheit«; steht im Zusammenhang mit Gandhis Konzept des passiven Widerstands. Der von Gandhi selbst geprägte Ausdruck bedeutet, daß gegen Unrecht und Diskriminierung demonstrativ und systematisch gewaltlos protestiert wird, im Vertrauen darauf, daß die Wahrheit letzten Endes siegen wird.

Savarna: »mit Kaste«, also nicht → Avarna – kastenlos; → Varna.

Shabari: im → *Ramayana* Angehörige eines Waldstammes, Dienerin des Rishi Matang und Verehrerin Ramas.

Shankaracharya: (788-829) bedeutender Heiliger und Gelehrter (Acharya); Schöpfer der Advaita-Vedanta-Philosophie. Erneuerer des Hinduismus, nachdem der Buddhismus große Teile Indiens beherrscht hatte. Einer Legende nach wollten seine Anhänger einen → Chandala von der Straße verjagen, der Shankara entgegenkam. Dieser wies sie jedoch darauf hin, daß nach seiner → Advaita-Vedanta-Philosophie kein Mensch dem anderen überlegen ist. Er ist der → Adishankara, der erste Shankaracharya; nach ihm erschien ein Sukzession von Shankaracharyas, die bis heute eine exponierte Stellung im Hinduismus einnehmen.

Shastra: »Lehrbuch«, alle hinduistischen Schriften, die in Übereinstimmung mit den → *Veden* stehen.

Shastri: Schriftgelehrter, Kenner der → *Shastras*.

Shruti: »Gehörtes«, Texte, die die Rishis in ihren Meditationen »gehört« haben und später aufgeschrieben wurden; Offenbarungstexte.

Shuddhi: Reinheit, durch Läuterung erlangte Unschuld.

Shudra: Angehöriger der untersten Kaste.

Shvapacha: »Hundekocher«, Name für eine verachtete Gruppe von Menschen.

Smriti: »Erinnerung«, sekundäre Schriften die im Gegensatz zu → Shruti nicht offenbart sind, sondern von den Menschen überliefert sind.

Sumitra: Mutter von Ramas Bruder Lakshmana.

Svaraj: »Selbstherrschaft«, Unabhängigkeit von den Briten.

Syadvada: Relativismus; Theorie von der Vielseitigkeit der Betrachtungsmöglichkeiten von Wirklichkeit und der Subjektivität des Urteils. Kategorie des Jainismus.

Tabligh: islamische Mission.

Tamas: eine der drei → Gunas.

Tapas(ya): »Glut, Hitze«; intensive spirituelle Askese.

Tasbih: islamische Gebetskette.

Tilak, Lokamanya: (1856-1920) Unabhängigkeitskämpfer aus Maharashtra, der die → *Bhagavadgita* als eine Botschaft der Befreiung von der britischen Kolonialherrschaft verstand.

Tilaka: Stirnzeichen der Hindus.

Tulsi: indisches Basilikum; die Blätter werden im Hindu-Gottesdienst benutzt.

Tulsidas: (1532-1623) schuf eine Fassung des → *Ramayana* auf Hindi, die bis heute zu den beliebtesten und einflußreichsten Werken der religiösen Literatur Indiens gehört.

Upanishaden: Verse und Prosatexte mystisch-spekulativen Inhalts.

Varna: »Farbe«; Kaste.

Varnashrama, Varna-Ashrama-Dharma: Kastengesetze, bzw. Kastenpflichten.

Veda, *Veden*: »Wissen«; heilige altindische Schriften, entstanden ab ca. 1500 v. Chr. Sie beinhalten Entstehungsmythen, Opferhymnen, Zaubersprüche und philosophisch-religiöse Texte.

Vibhishan: im → *Ramayana* jüngster Bruder des Dämonen Ravana. Er riet R. dazu, Sita freizulassen.

Vishnu: der Erhalter-Gott, ein hinduistischer Hauptgott, der sich neunmal inkarnierte, um die Welt zu retten. → Avatare von Vishnu sind auch Rama und Krishna.

Vishnuit: Anhänger von Gott → Vishnu.

Vyasa: legendärer Autor des → *Mahabharata*.

Yadavas: Der Klan, zu dem Krishna gehörte.

Yama: Die Beschränkungen im gesellschaftlich-ethischen Leben als Grundlage für den Yoga-Weg zur Befreiung. Nach Patanjali das erste der acht Glieder des Yoga-Weges. Die Beschränkungen sind: Gewaltlosigkeit (Ahimsa), Wahrheit (Satya), Nichtstehlen, Enthaltsamkeit (Brahmacharya), Besitzlosigkeit. → Niyama.

Yeravda: Gefängnis in Poona, in dem Gandhi 1932 sein »Fasten bis zum Tode« für die Kastenlosen begann. Das Gefängnis wurde damals zum Mittelpunkt Indiens. Die Tempel wurden den Kastenlosen geöffnet, und der Yeravda-Pakt, ein Antidiskriminierungsgesetz, wurde unterzeichnet.

Yudhishthira: der älteste der Pandava-Brüder aus dem → *Mahabharata*.

Editorische Notiz

Die in diese Auswahl aufgenommenen Artikel verfaßte Gandhi vornehmlich für *Young India*, *Harijan* und *Navajivan*, und zwar sowohl auf Hindi als auch auf Gujarati. Diese bei verschiedenen Gelegenheiten entstandenen Beiträge ergeben ein Bild des Hindu-Dharma, das in seinem Reichtum, seinen Einsichten und seinem Verständnis für die essentiellen Fragen des menschlichen Daseins unübertroffen ist. Die Betrachtungen des Mahatma zum Wesen des Hindu-Dharma sind von unschätzbarem Wert.

Für seine Unterstützung bei der Herausgabe dieser Auswahl bin ich meinem Kollegen, dem stellvertretenden Direktor des Nehru-Museums Dr. Hari Dev Sharma, zu großem Dank verpflichtet. Zu danken habe ich überdies dem National Book Trust für seine Bereitschaft, diese Veröffentlichung für das Indian Council of Historical Research zu übernehmen.

Ravinder Kumar (Indian Council of Historical Research)
Neu Delhi 1994

Die vorliegende Ausgabe erschien 1994 unter dem Titel »What is Hinduism?« (National Book Trust, Neu Delhi) und wird hier erstmals in deutscher Übersetzung vorgelegt. Das Glossar wurde von Ursula Gräfe erstellt.